U0610778

中国西部地区
数字旅游发展研究

Research on the Development of
Digital Tourism in Western China

廖宇翃　等著

经济管理出版社

ECONOMY & MANAGEMENT PUBLISHING HOUSE

图书在版编目（CIP）数据

中国西部地区数字旅游发展研究／廖宇翃等著.
北京：经济管理出版社，2025. 6. -- ISBN 978-7-5243-
0370-1

Ⅰ．F592.3-39

中国国家版本馆 CIP 数据核字第 2025V1Q219 号

责任编辑：梁植睿
责任印制：张莉琼

出版发行：经济管理出版社
　　　　　（北京市海淀区北蜂窝 8 号中雅大厦 A 座 11 层　100038）
网　　　址：www. E-mp. com. cn
电　　　话：（010）51915602
印　　　刷：唐山玺诚印务有限公司
经　　　销：新华书店
开　　　本：720mm×1000mm/16
印　　　张：12.5
字　　　数：217 千字
版　　　次：2025 年 6 月第 1 版　　　2025 年 6 月第 1 次印刷
书　　　号：ISBN 978-7-5243-0370-1
定　　　价：88.00 元

前　言

实施西部大开发战略是实现我国现代化建设战略目标的必然要求。党的二十大报告指出，中国式现代化是人口规模巨大的现代化，是全体人民共同富裕的现代化，是物质文明和精神文明相协调的现代化，是人与自然和谐共生的现代化，是走和平发展道路的现代化。中国西部地区地域辽阔，是一个多民族居住、人口众多、有着悠久历史文化和丰富资源的地区，它的现代化进程集中体现了中国式现代化的五大特征。实施西部大开发战略，实现西部地区高质量发展的核心问题是建立现代产业体系，建设西部区域支柱产业。

2024 年 4 月 23 日，习近平总书记在重庆主持召开新时代推动西部大开发座谈会并发表重要讲话，提出了"六个坚持"的重要思想，即要坚持把发展特色优势产业作为主攻方向，坚持以高水平保护支撑高质量发展，坚持以大开放促进大开发，坚持统筹发展和安全，坚持推进新型城镇化和乡村全面振兴有机结合，坚持铸牢中华民族共同体意识。这"六个坚持"系统科学地回答了新时代西部大开发的发展主攻方向、持续发展基础、目标实现途径、统筹发展前提、难题破解之道和发展根本保障，是指导西部大开发的理论基础。从现实的经济基础、资源禀赋和发展条件来看，旅游业最有可能建设成为中国西部地区的区域支柱产业。在新技术革命和数字经济蓬勃发展的新时代，发展数字旅游是把西部地区旅游业建设成为区域支柱产业的基本途径。把旅游业建设成为西部地区的区域支柱产业，不能沿用过去旅游业发展的传统模式，应当适应新时代的新要求，运用新思路，探索新机制。新时代西部大开发的新要求是实现高质量发展，通过产业数字化和数字产业化实现产业转型升级，在这一转型升级的过程中，将运用新技术和改革开放紧密结合起来，作为西部旅游业发展的双重动力。

本书的整体逻辑思路是目标导向，确定中国西部地区旅游业发展的目标是建设成为区域支柱产业，分析现状与目标之间的差距和存在的问题，提出西部地区旅游业的发展战略和实现目标的途径与战略措施。

本书的内容安排简介如下：

第一章是绪论，简述我国西部大开发战略，以及相关学术研究和理论基础。第二章依据产业结构演化规律，论述把旅游业建设成为中国西部地区区域支柱产业的依据、基本途径和有利条件。第三章系统介绍了中国西部地区的旅游资源并分析其特点。第四章研究西部地区旅游业发展的总体现状及各省份差异，并对东部、西部地区旅游业的发展进行比较研究，分析西部地区旅游业发展中面临的挑战与巨大机遇。第五章研究西部地区旅游业的市场发展前景及趋势。第六章研究西部地区旅游业的发展战略，提出西部地区旅游业发展的指导原则、战略定位、发展目标，同时将西部地区的世界级旅游目的地和新型特色旅游区作为发展战略的重点任务。第七章研究西部地区数字旅游业发展中的基础设施建设。第八章列出了西部地区旅游业发展过程中产业数字化和数字产业化的案例。第九章则是将产业技术进步与深化改革作为实现西部地区数字旅游业发展目标的动力与创新举措。

本书的特点是将旅游学、经济学与新闻传播学的原理与方法结合起来研究我国西部地区的旅游业，力求有所创新、有所发现，能够为西部地区数字旅游的发展作出微薄的贡献。

在本书的研究与写作中，笔者所指导的重庆工商大学文学与新闻学院的研究生林雨露、杨佳佳、肖小龙、张依凡分别参与了第四章、第五章、第七章和第八章的部分章节撰写。此外，在本书的写作与出版过程中，教育部人文社会科学重点研究基地成渝地区双城经济圈建设研究院的老师对第九章提出了修改意见，经济管理出版社的编辑同志给予了大力支持，在此表示衷心的感谢！

廖宇翃

2025 年 5 月

目　录

第一章 绪论

西部大开发是我国的一项国家长期发展战略,其发展的关键是通过产业发展促进经济增长、生态环境改善和人民生活水平提高。本书内容是研究中国西部如何把旅游业发展成为区域数字支柱产业。所谓区域数字旅游支柱产业,就是把数字技术与智能化应用结合起来,促进文化旅游产业成为区域支柱产业。本章的内容是研究其发展背景、相关学术文献和理论基础。

第一节 我国关于西部大开发的战略与政策概述

我国西部地区包括陕西、甘肃、宁夏、青海、内蒙古、新疆、四川、云南、贵州、重庆、西藏和广西 12 省区市,总面积约为 685 万平方千米,约占全国总面积的 71%。2000 年,我国总人口为 12.65 亿,西部地区人口约为 3.16 亿,约占全国的 25%,而西部地区的 GDP 仅占全国的 15%,东西部差距巨大,可见西部地区发展潜力巨大。正是在这样的大背景下,国家提出并实施了西部大开发战略。2000 年,国务院成立了西部地区开发领导小组,并在国家发展改革委设立了西部开发办,当年下发了《国务院关于实施西部大开发若干政策措施的通知》。该通知明确了当时的重点任务与战略目标。重点任务是:加快基础设施建设;加强生态环境保护和建设;巩固农业基础地位,调整工业结构,发展特色旅游业;发展科技教育和文化卫生事业。目标是:力争用 5~10 年时间,使西部地区基础设施和生态环境建设取得突破性进展,西部开发有一个良好的开端。2006

年12月8日，国务院常务会议审议并原则通过《西部大开发"十一五"规划》。2020年，《中共中央 国务院关于新时代推进西部大开发形成新格局的指导意见》发布，该文件明确要求：新时代推进西部大开发要贯彻新发展理念，推动高质量发展。要形成大保护、大开放、高质量发展新格局，推动经济发展质量变革、效率变革、动力变革，促进西部地区经济发展与人口、资源、环境相协调，到2035年，西部地区基本实现社会主义现代化，基本公共服务、基础设施通达程度、人民生活水平与东部地区大体相当。2024年10月，国务院发布了《关于推动沿海产业向中西部地区转移的指导意见》。该政策要求西部地区要因地制宜承接发展优势特色产业，包括劳动密集型产业、能源矿产开发和加工业、农产品加工业、装备制造业、文化旅游等现代服务业。20多年来，在国家出台的西部大开发文件中，西部旅游业都属于被鼓励发展的区域优势产业。

第二节　数字旅游支柱产业相关文献述评

国外关于西部大开发的文献较少，国内关于西部大开发的专著和论文较多。2016年，中国举办的G20杭州峰会提出发展数字经济倡议，推动了数字经济的研究，数字旅游的研究也方兴未艾。

（一）国内外关于旅游研究的阶段梳理及研究动态

国外关于旅游业的研究主要集中在旅游业对于扩大就业、增加外汇收入、促进经济增长以及旅游管理方面，对中国西部地区旅游业发展的研究较少。国外学者对于数字旅游的优势、挑战和广阔的应用前景进行了较深入的研究，主要集中在人工智能、元宇宙、虚拟现实（VR）技术、数字技术等方面。Marques 和 Borba（2017）研究了数字技术如何通过涉及不同利益相关者的共同创造过程，在城市的共同创造重塑中发挥作用，振兴其物质和社会文化结构。Carvalho 和 Ivanov（2024）研究了人工智能的快速发展对包括旅游业在内的各行业的颠覆，该研究概述了 ChatGPT 和大型语言模型在旅游业中的应用、优势和风险，同时建立研究议程，调查这些模型在旅游业中的影响。Jafar 和 Ahmad（2024）研究并发现技术会引起旅游和酒店业研究人员的兴趣。元宇宙为游客提供了享受前所未有的旅游体验的能力，这些机会可能会从根本上改变旅游业和酒店业格局。Cham 等（2024）研究了虚拟现实（VR）技术在旅游业中的广泛应用，以及在为用户提供新颖体验方面具有的竞争优势，提出 VR 可以提供新的方式吸引游客并提升旅行体验。该研究还提出了技术和心理障碍在解释老年游客对 VR 旅游应用抵制和怀疑的重要性。

国内旅游经济研究可以追溯至 20 世纪 70 年代末至 80 年代初，这一时期标志着旅游经济学研究的起步。自改革开放以来，我国旅游经济学的研究进程可以分为三个阶段。①1980～1990 年是旅游经济学的认知性研究阶段。这一阶段主要集中在旅游目的地经济发展以及旅游企业管理的研究。这一时期我国先后出现了《旅游学刊》《旅游调研》《旅游科学》《旅游管理》等一批学术性或准学术性旅游刊物。②随着我国国内旅游和出境旅游需求的增长，1991～1997 年，旅游经济学走向全面探索阶段，初步形成了较为完整的旅游经济学研究体系。由国务院发展研究中心主持并完成的国家重点课题《面对 21 世纪的选择——中国旅游经济发展战略》就是这一时期的研究代表。③1998 年后，旅游经济学进入了深入发展阶段，学界和政府有关部门迅速开展对旅游经济问题的研究。关于西部地区旅游的研究也始于这一时期。国内学者杜平等（2000）的专著《西部开发论》研究了西部旅游业的发展条件、发展机遇、存在问题和发展布局，并提出了相应对策。唐学锋和苟世祥（2001）在《中国西部旅游发展研究》中，对西部的旅游资源做了系统研究，较深入地研究了西部旅游业的发展战略。此后，陆续有学者在期刊上发表西部各省区市旅游业发展的相关研究论文。

近年来，国内专家学者开始将旅游经济与信息科学相结合进行研究。周波和周玲强（2016）认为智慧旅游应积极融入智慧城市发展，创新旅游产品、旅游服务和旅游管理，完美衔接智慧城市发展过程中的旅游产品和旅游服务的需求和供给，创造智慧旅游经济。李仲广（2019）认为数字文旅是旅游发展的产业动能，其培育和扩大新消费市场、实现产品增值、驱动产品和业态创新，重构产业格局。戴斌（2020）认为，数字化应该与资本、知识和创新等要素结合起来，激活传统旅游资源，实现数字化的创新发展，从供给端推动旅游业转型升级。唐晓云（2022）认为人工智能、大数据技术推动旅游业进入定制化时代，旅游消费需求加速从标准化走向个性化、多元化和碎片化的非标消费，新技术加速了消费升级进程，极大地释放了潜藏在游客内心的多层次消费意愿。魏翔（2022）认为数字革命正在引起重大的经济和社会变化，旅游产品具有较高的信息含量和无形价值，其对数字经济十分敏感。数字化转型正在彻底改变旅游的行业边界和生产方式，并在很大程度上影响中国旅游业未来的发展模式。因此，数字旅游不只是一种技术应用，还是旅游资源价值寻求模式质变的重要载体。不过，数字经济和旅游发展模式之间内在逻辑和运行机制的研究还显得相对匮乏。陈晔和贾骏骐（2022）认为智慧旅游、数字创意、数字娱乐、数字艺术展示、沉浸式体验等旅游新模式和新业态在我国的发展方兴未艾，个性化、定制化和品质化的数字旅游产品层出不穷，给旅游目的地的发展带来了新的机遇。

（二）对国内外已有研究的述评

国内外的相关研究文献很多，其主要研究内容是旅游业在促进经济增长、扩大就业、增加外汇收入方面的作用，大数据和数字经济对旅游业的影响，中国旅游业的未来发展趋势和前景等方面。早期虽然有学者研究了中国西部旅游业的发展战略，却鲜少与数字经济联系进行研究，更鲜少将中国西部旅游业作为区域支柱产业进行深入研究。近年来，虽有学者开始将数字经济和旅游业结合起来开展研究，但没有研究服务业作为区域支柱产业的选择标准，更没有研究数字旅游业作为区域支柱产业的选择标准。将西部数字旅游业作为区域支柱产业研究对象具有重大的学术价值和应用价值：一是可以打破在第二产业中打造支柱产业的惯性思维，二是可以探索用高新数字技术改造传统产业的新思路，三是成为西部地区高质量发展规划产业转型升级的突破口，为西部地区各级政府提供科学决策依据。

第三节　数字旅游支柱产业研究与产业发展的理论基础

建设中国西部数字旅游支柱产业是中国特色的社会主义实践，它必须以中国特色社会主义理论为基础。2024 年 4 月 23 日，习近平总书记在重庆主持召开新时代推动西部大开发座谈会，做出了重大战略部署，提出了"六个坚持"的重要思想，即坚持把发展特色优势产业作为主攻方向，坚持以高水平保护支撑高质量发展，坚持以大开放促进大开发，坚持统筹发展和安全，坚持推进新型城镇化和乡村全面振兴有机结合，坚持铸牢中华民族共同体意识。这"六个坚持"系统科学地回答了新时代西部大开发的发展主攻方向、持续发展基础、目标实现途径、统筹发展前提、难题破解之道和发展根本保障，是一个有着内在紧密联系的理论体系。

党的十九大报告明确指出，我国社会主要矛盾已经转化为人民日益增长的美好生活需要和不平衡不充分的发展之间的矛盾。这一矛盾在区域空间上的表现就是东西部差距，实现新时代西部大开发高质量发展是解决这一矛盾的关键。发展是硬道理，新时代西部大开发的主攻方向在哪里？在于坚持发展特色优势产业，把旅游业等服务业培育成区域支柱产业。这一科学论断遵循了客观规律，指明了新时代西部大开发产业结构调整与升级的方向。按照产业结构的演化规律，由于不同产业之间劳动生产率不同，且存在收入差异，劳动力会从农村向城市转移，从低收入部门向高收入部门转移。随着人均国民收入水平的提高，劳动力首先向第二和第三产业转移，当人均国民收入进一步提高时，劳动力将进一步向第三产业转移，第三产业会成为最大的产出部门和就业人数最多的部门。1978 年，中国的第一、第二、第三产业的产出比重为 27.7∶47.7∶24.6；截至 2023 年，三次产业结构演变为 7.1∶38.3∶54.6。当第三产业在国民经济的地位越来越重要时，在旅游业等服务业中培育西部区域支柱产业就成为必然的选择和趋势。从中国的现实状况来看：国际贸易中的商品贸易处于顺差，服务贸易处于逆差；西部地区许多市县不能因地制宜地发展，习惯于在传统制造业中培育区域支柱产业，忽略了特色与优势。

西部地区是国家的生态安全屏障。坚持以高水平保护支撑高质量发展就是铸牢新时代西部大开发可持续发展的物质基础。在保护中开发，在开发中保护，不断推进发展方式的绿色转型，才能使特色优势产业不断发展壮大，才能实现可持续发展。早在 2005 年，习近平总书记就提出了"绿水青山就是金山银山"的科学论断，将生态环境保护和经济发展统一起来。高水平的保护不但能促进经济发展环境的改善，而且能提供更多更好的生态产品。习近平总书记指出，中国式现代化是人与自然和谐共生的现代化。我们既要创造更多更好的物质财富和精神财富，也要创造更多更好的生态产品以满足人民的需要。健康良好的生态环境是中华民族永续发展的物质基础。

坚持在大开放中促进大开发是实现西部高质量发展的基本途径。在过去相当长的时间内，西部地区由于面积广大，山区地形多而复杂，人口居住分散，交通不便，开放相对滞后，经济发展比较落后。国家实施西部大开发战略以来，西部发展快速推进，特别是西部陆海新通道开通以来，西部的经济发展和对外开放水平迈上了新的台阶。以成渝地区双城经济圈为例，2012 年其外贸进出口总额为1203 亿元，到 2022 年，其外贸进出口总额已达 18275 亿元。在新时代，我们不但要发展国内旅游，还要大力发展国际旅游，这就需要实行更加开放的政策。无论是创新发展、绿色发展、可持续发展，还是在大开放中促进大开发，其前提条件是社会稳定、国家安全。中国西部在总体国家安全观中具有特殊的、巨大的作用和意义。西部地区不仅是国家的生态安全屏障，而且其水电资源占全国 80% 以上，是水电清洁能源的主要供给地，也是南水北调的水源主供区。西部地区自古以来就是中华多民族融合区，在国家的生态安全、能源安全、水资源安全、国防安全和多民族团结方面发挥着不可替代的独特作用。因此，必须统筹西部地区发展和安全的关系。

中国式现代化是实现共同富裕的现代化。西部地区最为薄弱的环节是乡村，实现现代化最具有挑战性的区域也是西部广大乡村地区。乡村面积广大，人口居住分散，医院、教育、文化等基础设施建设相对滞后，缺少一批具有强大经济实力、能带动乡村发展的一批现代大中城市。解决这一难题的有效办法是推进新型城镇化和乡村全面振兴有机融合。什么是新型城镇化？新型城镇化就是以城乡一体、产业互动、生态宜居、和谐发展为基本特征的城镇化，是城乡现代化公共服务功能处于同一层级的城镇化，是以人为本的城镇化。为了推进新型城镇化和乡村全面振兴有机融合，要发展区域副中心城市，避免一个省区内一城独大导致公共服务资源过度集中的现象，要使大中小城市协调发展，要加强乡村基础设施建设，发展现代农业。

坚持铸牢中华民族共同体意识是新时代西部大开发战略推进和繁荣的根本保

障。习近平总书记在 2021 年召开的中央民族工作会议上提出，要把铸牢中华民族共同体意识作为党的民族工作的主线。在 2024 年 4 月召开的新时代推动西部大开发座谈会上，习近平总书记再次强调了要坚持铸牢中华民族共同体意识。西部地区山水相连，血脉相融，自古以来就是中华各民族的共同家园，在历史的长河中形成了中华文明的重要组成部分，形成了心系中华的家国情怀，勤劳善良的品格和勇于进取、艰苦奋斗的中华民族精神。按照马克思主义基本原理，存在决定意识。新时代西部大开发越深入推进，西部各区域之间的经济、文化和社会联系就越紧密，其发展就越密不可分。在统一的社会主义制度下，中华民族共同体意识就日益强固。

只要我们在新时代西部大开发中深入贯彻落实"六个坚持"思想，用科学的理论指导建设西部地区数字旅游支柱产业，并在实践中不断创新发展，新时代西部大开发就必然会取得新的辉煌成就。

第二章　数字旅游成为西部地区支柱产业

第一节　数字旅游成为西部地区支柱产业的依据

在现代产业结构演化规律研究中，法国经济学家配第·克拉克、美国经济学家西蒙·库兹涅茨和罗斯托都做出了重大贡献。

1940年，克拉克发表了《经济进步的条件》一书，他认为：随着经济的发展和人均国民收入水平的提高，从事农业的人数相对于从事工业的人数而言会不断下降；再进一步，从事工业的人数相对于从事服务业的人数会趋于下降。随着人均国民收入水平的提高，劳动力会由第一产业向第二产业转移；当人均国民收入继续提高时，劳动力便会向第三产业转移。第三产业的就业人数和在产出中的占比会不断上升。这一发现被称为"配第—克拉克定理"。美国经济学家库兹涅茨在其发表的《各国增长的数量》和《现代经济增长》两部著作中，收集了20多个国家的数据，考察了国民收入和劳动力在三次产业间的分布。他认为，现代经济增长的第一个原因是知识存量的增长，第二个原因是生产率的提高，第三个原因是产业结构变化。产业结构变化的趋势是农业部门在整个国民经济中的就业比重都处于不断下降的过程中。工业部门的比重相对农业部门下降而上升，上升到一定时期，工业部门的产出和就业人数的比重则保持相对稳定，服务业的劳动力比重与在国民经济中的产出比重则保持不断上升的趋势。罗斯托将社会经济发展分为传统社会、起飞准备、起飞、成熟、大众高消费和追求生活质量六个阶段。他认为，在经济成长的每一个阶段都有与之相适应的起主导作用的国民经济部门。主导部门有着较高的增长率，能影响和带动一些其他经济部门的增长，经济成长阶段的依次变化表现为主导部门的依次变化。罗斯托认为传统社会的国民经济主导部门是农业。起飞准备阶段的主导部门是食品、饮料、烟草及水泥等工业部门。起飞阶段的主导部门是纺织工业和铁路部门。成熟阶段的主导部门是钢铁、煤炭、电力和通用机械等重化工部门和制造业。大众高消费阶段是耐用消费品工业，比如家电、汽车业。追求生活质量阶段的主导部门是服务业即第三产业。克拉克、库兹涅茨、罗斯托三位经济学家均发现或论证了在产业结构的演化规律中，服务业的就业人数和在国民经济的产出比重中处于不断增长的趋势。中国改革开放40多年来的产业结构的变化也证实了这一客观规律的存在。

从表2-1中可以看出，自改革开放以来，中国产业结构的演化规律和趋势是第三产业即服务业比重在产业结构中逐渐增长。按照产业结构的分类，第一产业包括农业、林业、牧业、副业和渔业五大部门。第二产业包括四大部门：采矿业、制造业、建筑业，以及水、电、气、热供应。第三产业包括五大门类：一是交通运输，二是商业、饮食业、旅游业、酒店业等行业，三是金融、房地产等行业，四是科学研究、教育、文化、卫生医疗等行业，五是由于国情不同，不易统一归类的行业，如家政服务业等。

表2-1　我国三次产业产出占比（部分年份）　　　　单位:%

年份	第一产业	第二产业	第三产业
1978	27.7	47.7	24.6
1988	25.4	43.4	31.2
1991	24.5	42.1	33.4
2013	9.4	43.7	46.9
2022	7.1	38.3	54.6
2023	6.9	36.8	56.3

资料来源：历年《中国统计年鉴》。

中国家政服务业，人数达千万人以上，但在历年《中国统计年鉴》中未能反映。旅游业在服务业中具有特殊功能与作用，它与交通运输业、通信业、商业、饮食业、酒店业、文化业（如博物馆、展览馆、演出业）、金融业、信息服务业等均有密切联系，能带动上述产业的发展。

旅游业是中国自改革开放以来发展较快的新兴产业。表 2-2 是 1993~2022 年的国内旅游人次与增长率。

表 2-2　1993~2022 年国内旅游人次及增长率

年份	国内旅游人次（亿）	比上年增长（%）
1993	4.10	—
2000	7.44	3.50
2004	11.02	26.70
2005	12.12	10.00
2006	13.94	15.00
2007	16.10	15.50
2008	17.12	6.30
2009	19.02	11.20
2010	21.03	11.60
2011	26.40	13.20
2012	29.57	12.00
2013	32.62	10.30
2014	36.11	10.70
2015	39.90	10.50
2016	44.35	11.00
2017	50.01	12.80
2018	60.06	10.30
2019	60.06	8.04
2020	28.79	-52.07
2021	32.46	12.80
2022	25.30	-22.10

资料来源：中华人民共和国文化和旅游部. 中国文化文物和旅游统计年鉴 2023 [M]. 北京：国家图书馆出版社，2023.

与同期的中国国内经济增长率相比，国内旅游人次增长率明显高于国内经济增长率（见表 2-3）。

表 2-3 2006~2023 年国内经济增长率与旅游人次增长率 单位:%

年份	GDP 增长率	国内旅游人次增长率
2006	12.7	15.0
2007	11.4	15.5
2008	9.7	6.30
2009	8.7	11.10
2010	10.6	10.60
2011	9.5	13.20
2012	7.8	12.0
2013	7.8	10.30
2014	7.4	10.70
2015	7.0	10.50
2016	6.8	11.0
2017	6.9	12.80
2018	6.7	10.80
2019	6.1	8.40
2020	2.3	−52.07
2021	8.1	12.80
2022	3.0	−22.10
2023	15.4	93.30

注：表中国内经济增长率资料来源于历年《政府工作报告》，国内旅游人次增长率来源于《中国文化文物和旅游统计年鉴 2023》。

由于 2006~2023 年中国物价是逐年略有上升的，因此旅游费用的增长率也是超过旅游人次增长率的。由表 2-3 可知，中国国内旅游业的发展明显高于国民经济平均增长率。

表 2-4 表明在 2020 年新冠疫情发生前 10 年，中国入境游业在快速增长，10 年间入境旅游收入增长近 3 倍。国家移民管理局于 2025 年 1 月发布的最新统计数据显示：2024 年 1~11 月，全国各口岸外国人入境为 2921.8 万人次，同比增长 86.2%，其中免签入境人次为 1744.6 万人，同比增长 123.3%。

表 2-4　2020 年以前的旅游业入境收入　　　　单位：亿美元

年份	入境旅游收入
2010	458.14
2011	484.64
2012	500.28
2013	516.64
2014	1053.80
2015	1136.50
2016	1200.00
2017	1234.17
2018	1234.17
2019	1313.00

资料来源：中华人民共和国文化和旅游部. 中国文化文物和旅游统计年鉴 2023 ［M］. 北京：国家图书馆出版社，2023.

综上所述，可以得出如下结论：

（1）按照产业结构演化规律，服务业在产业结构中的比重将会越来越大，并成为国民经济三次产业中最大的部门。

（2）从现实世界平均水平来看，第一产业在产业结构的产出比重中约为 5%，第二产业约为 30%，第三产业约为 65%。2023 年，中国第三产业在国民经济中的比重约为 54%，它表明第三产业即服务业在中国经济中仍有巨大的增长潜力。

（3）在服务业中，旅游业是快速发展的新兴产业，其增长率远高于国民经济平均增长率。

（4）旅游业在服务业中关联效应极大，它的快速发展将带来交通运输业、通信业、酒店业、商业、饮食业和影视传播业等行业的有效增长，特别是与数字技术结合后将形成新的业态模式和经济增长点。

区域支柱产业应是区域经济中产出比重较大的产业之一，但从现实情况来看，中国西部各省区市中一般都偏重于从制造业中选择和培育支柱产业，没有从占比越来越大、关联效应越来越强的旅游业中选择和培养区域支柱产业，而且以传统的衣、食、住、用、行等商品为代表的制造业产品趋于饱和，发展高新技术产业需要大量资金、关键新技术和众多掌握新技术的人才，这正是西部许多地区所缺乏的。最好的选择就是将具有比较优势的旅游业作为区域支柱产业培育。产业结构的演化规律、旅游业的快速增长和关联效应使旅游业成为西部区域支柱产业有了现实的可能性。

第二节　西部地区旅游业转型升级的基本途径
——产业数字化和数字产业化

旅游业是一个传统产业，西部旅游业的传统产业特征更为突出。在高新技术大量运用于传统产业改造、实现高质量发展的新时代，数字技术和实体经济相融合就成为产业发展的必然趋势。人们习惯上把数字技术与实体经济相融合称为数字经济。数字旅游的本质就是以数字表示的知识信息为重要的生产要素，以数字技术为核心驱动力，利用现代信息网络和智慧系统提升改造传统旅游业。把西部旅游业建设成为区域支柱产业是西部产业结构调整与升级的战略目标，实现这一战略目标的基本途径是数字产业化和产业数字化，我们简称为数字经济，具体到旅游产业，就简称为数字旅游。西部地区旅游业的数字产业化和产业数字化包含以下内容：

（1）运用大数据技术和人工智能系统收集、储存、分析、运用旅游业的海量数据，预测旅游市场需求前景，分析各类人群的旅游出行特点，以及消费水平和偏好，制定旅游发展规划和景区建设规划，以及旅游政策。

（2）创造虚拟旅游场景，使人们能够通过智慧系统设备，实现沉浸式旅游体验。它还可以提供互动式体验，通过360度全景视频帮助游客自由浏览景区的各处景点。

（3）实现智能导览，它可以通过各种语音讲解景点的历史、文化和价值，提供路线规划和引导。

（4）实现在线预订与服务，进行在线支付结算。

（5）提供游客交流平台：游客可以通过视频分享旅行画面、旅行感受和旅行动态。

（6）通过声光电和各种高新技术，创造旅游景区的环境。

（7）通过动漫企业制作动漫形象和动漫故事吸引大量游客，宣传和塑造旅游景区形象。

（8）对旅游景区实行智慧管理，它可以通过大数据和监控平台实时监控景区状况，引导和分散人流，实现安全化管理与无纸化服务，提供紧急救援服务与个性化服务。

（9）实现旅游资源和重要遗产的数字化保存。

（10）将吃、住、行、娱乐、观光、购物等行为融合在一起，实现规模效应和融合效应。

（11）通过无人机对旅游景区进行空中拍摄，实现无人机载人旅游，发展低空经济。

（12）通过互联网和其他互通互助智能设施加强区域旅游合作与国际旅游合作。

数字技术与西部传统旅游业相融合是西部旅游业发展的必然趋势，也是将西部旅游业建设成为区域支柱产业的基本途径。

第三节　区域支柱产业的选择标准和数字旅游的内容

一、区域支柱产业的特征

区域支柱产业是指在国民经济中占有重要的战略地位,其产出规模在国民经济中占有较大比重,并起着重要支撑作用与主导作用的产业,一般具有下列特征:

(1)增加值在国民生产总值中的比重通常应达到5%以上,许多国家以10%以上为标准。

(2)就业人数占全部就业人数的比重较其他产业高。

(3)具有高于国民经济总增长率的部分增长率。

(4)需求收入弹性高于1,一般在1.5左右。

(5)对关联产业的影响较大,对其他产业的增长有带动作用。

二、数字旅游的内容

数字经济是以数字化的知识信息为重要生产要素,以数字技术为核心驱动力,利用现代信息网络与实体信息深度融合,是一种新型的产业业态。数字旅游的内容一般包括以下方面:

(1)虚拟经济:游客可以通过VR设备,身临其境游览景区,如在重庆的大足石刻世界遗产资源演播馆中就可获得此种感受。它还可以提供互动体验,通过360度全景视频帮助游客自由浏览景区的各处景点。

(2)智能导览:它可以通过各种语言讲解景点的历史、文化和价值,提供路线规划和智能导览。

(3)在线预定与服务:它可以通过平台在线预定交通工具和住宿及餐饮服务,节约时间成本。

(4)社交媒体与分享:游客可以通过视频分享旅行画面、旅行感受和旅行动态。

（5）智慧景区管理：它可以通过智能设备实时监控景区人流，引导和分散人流，监控安全状态，实现无纸化票务管理。

（6）大数据分析与应用：它可以通过大数据分析游客的来源地、目的地、消费习惯、交通工具使用方式、支付方式等，帮助旅游管理部门和旅游企业制定旅游规划、旅游政策、旅游营销策略、改进服务。

（7）文化遗产数字化：它可以通过 3D 扫描等技术保护文化遗产。

（8）旅游教育与培训：它可以通过虚拟环境对导游和服务人员、管理人员进行培训。

（9）旅游安全与健康：它可以实时监测游客健康状况、提供紧急救援服务和个性化服务。

（10）它可以通过无人机对旅游景区进行空中拍摄、载人旅游，发展低空经济。重庆梁平已经开始进行无人机旅游经营。

三、构建中国西部数字旅游区域支柱产业的标准

综合支柱产业的特点和数字旅游的内容，本书提出以下指标体系作为构建中国西部数字旅游区域支柱产业的标准：

（1）产出规模占全部产业产出比重。

（2）经济增长率高出区域总增长率程度。

（3）就业人数占全部产业就业人数比重。

（4）影响力系数。影响力系数是指国民经济某一部门增加一个单位时，对其他部门产生的需求波及程度。例如，当旅游业游客量增加时就会对饮食业、酒店业、商业、交通运输业的需求起促进作用，带动这些行业的发展。影响力系数的计算可通过列昂惕夫逆矩阵 $(I-A)^{-1}$ 来进行。式中 I 为单位矩阵，A 为直接消耗系数，"-1"为矩阵求逆。产业影响力系数是该产业逆矩阵纵列系数均值除以全部产业逆矩阵纵列系数均值的平均值。根据计算结果，如果影响力系数大于 1，则表明该产业在全部产业中，其影响力在平均水平之上。

（5）劳动力生产率。

（6）外汇收入在服务业外汇收入中的比重。

（7）在线预定与服务程度。

（8）游客旅游人次占全国旅游总人次比重。

将上述八个指标进行归一化处理后，统一赋予各个指标的权重，便可以建立数量模型比较中国西部各省区市，甚至全国各省区市，哪一个区能最有条件率先建成数字旅游支柱产业。这也是本书提出的区域数字旅游支柱产业选择与培育的新标准。如果上述指标不能收集到足够的数据来支持具体测算，那它将还是理论上的探讨。

四、培育区域数字旅游支柱产业的比较优势和有利条件与机遇

中国西部地区各省区市将旅游业培育成为区域数字旅游支柱产业具有很强的比较优势和有利条件与机遇，有很好的现实基础。

第一，西部地区自然和人文旅游资源较为丰富，分布广泛，西部地区不但有众多的世界自然景观遗产，还有众多的世界文化遗产和非物质文化遗产。除了上述世界遗产外，还分布有广泛的乡村旅游、特色小镇旅游、民族风情旅游、红色旅游、地貌风光旅游、现代科技成就旅游（三峡大坝、航天基地）等，种类多、品位高、具有鲜明的特色和垄断性，与中国东部旅游和中部旅游相比具有明显的差异性和不可替代性，对中外游客具有巨大的吸引力，富有巨大的旅游经济发展潜力。

第二，中国西部地区的交通、通信条件已得到极大改善，建立了完整的现代交通体系和通信体系，为现代旅游业的发展奠定了良好的物质基础。截至 2023年，西部地区的铁路里程突破 6 万千米，占全国的 40%以上，每一个省区市都通达高铁。

从公路来看，经国务院批准的《国家公路网规划（2013 年—2030 年）》，将高速公路建设作为全国经济可持续发展的战略重点，由 7 条首部放射线、11条北南纵线、18 条东西横线以及地区环线等组成，将 20 万人口以上城市，包括西部城市和地级行政中心全部连接成一个整体。截至 2022 年末，中国高速公路总里程达到 17.7 万千米，西部地区已超过 6 万千米，占全国高速公路总里程的30%以上。西部地区的高速公路包括北京—乌鲁木齐的 G7 京新高速、连云港—霍尔果斯的 G30 连霍高速、连接华北与西南的 G5 京昆高速、连接兰州—海口的

G75 兰海高速、连接雅安—叶城的 G4218 雅叶高速等，这些高速路网的形成为西部地区的数字旅游支柱产业发展提供了良好条件。截至 2024 年，西部地区所有县级行政中心区域都已通公路，这将极大地促进乡村旅游的发展。

从航空来看，西部各省区市都已开通便捷的国内航线。从国际航线来看，截至 2023 年，成都已开通 131 条国际航线，乌鲁木齐已开通 137 条国际航线。其他省会城市不再逐一列举。这些国际航线的开通极大地促进了入境游的快速发展。

五、中国西部地区经济实力和整体面貌发生巨大改变

国家实施西部大开发战略和共建"一带一路"倡议以来，中国区域经济发展格局进入了新的阶段，西部的经济实力和整体面貌也发生了巨大的变化，其主要体现在以下方面：

1. 西部各省区市经济实力上了一个新的台阶

2024 年，我国西部地区 12 省区市的 GDP 总量如表 2-5 所示。

表 2-5　2024 年我国西部地区 12 省区市 GDP 总量　　　　单位：亿元

地区	GDP	地区	GDP
四川	64697	贵州	22667
陕西	35538	新疆	20534
重庆	32193	甘肃	13003
云南	31534	宁夏	5503
广西	28649	青海	3951
内蒙古	26314	西藏	2765

资料来源：我国西部地区各省区市《政府工作报告》。

2024 年，西部地区各省区市经济总量为 287348 亿元，占全国 GDP 总量 134.91 万亿元的 21.3%，比 2000 年西部大开发战略启动时提高了 6 个百分点。

2. 西部生态环境发生了显著变化

自西部大开发战略实施以来，西部地区深入实施了一批重点生态工程，如退

耕还林、退牧还草、天然林保护工程，国家级公益林保护工程，禁牧和草畜平衡工程，沙漠治理工程，湿地治理工程等。这些工程提高了森林覆盖率和当地居民的生活质量，改善了生态环境，也改善了旅游业发展条件。

3. 西部地区产业结构升级转型加快

西部地区服务业占比不断上升，工业发展加速，涌现出一批高新技术产业，数字经济发展快速，为数字旅游业成为区域支柱产业提供了坚实的工业基础。

2023 年，西部地区规模以上工业增加值同比增长 6.1%，而内蒙古、新疆、宁夏、甘肃四省区规模以上工业增加值增速分别超过全国平均水平约 2.8 个、1.8 个、7.8 个和 3.0 个百分点。西部大开发战略实施 20 多年来，西部形成了一批战略性新兴产业，如重庆的电子、新能源汽车产业，四川的电子与航空产业，陕西的光子与新能源汽车产业，新疆的光伏发电产业和风电产业。

2010 年 8 月，《国务院关于中西部地区承接产业转移的指导意见》发布，产业转移的内容不仅包括劳动力密集型产业，传统的能源矿产开发和加工业，农产品加工业，还包括装备制造业、现代服务业、高技术产业和加工贸易。2024 年 10 月，国务院发布了《关于推动沿海产业向中西部地区转移的指导意见》。陕西则明确提出重点发展航空航天、新材料和生物医药等高科技产业。重庆则利用其独特的区位，大力发展智能制造、电子信息、汽车产业等。

产业结构的转型升级和高新技术产业在西部地区的快速发展为西部旅游业的数字化和现代化创造了良好的技术和产业支撑体系。

4. 开通中欧班列和陆海新通道，开创了西部大开发对外开放的新格局

2011 年 3 月 19 日，中国第一列中欧班列（渝新欧）从重庆沙坪坝区团结村出发，经新疆到达欧洲，标志着中欧班列正式开通运营。到 2024 年 11 月，从重庆出发的中欧班列已累计开行 10 万列以上，发送货物 1100 万标箱，货值超 4200 亿美元。除重庆外，还有成都、西安、郑州、义乌、武汉等地开通了中欧班列。中欧班列实际上有东中西三条通道：西部通道通过阿拉山口（霍尔果斯口岸）出境，中部通道由华北地区经二连浩特出发，东部通道由中国东北经满洲里出境。

2016 年 4 月，从重庆出发的陆海新通道开始运营。陆海新通道的前身是"渝黔桂新"南向通道，即从重庆沙坪坝区团结村出发经贵州、广西北部湾海路

到新加坡的通道。2018 年 11 月，中新两国正式签署《关于中新（重庆）战略性互联互通示范项目"国际陆海贸易新通道"建设合作的谅解备忘录》，将"南向通道"正式更名为"国际陆海贸易新通道"。2019 年 1 月 7 日，重庆、广西、贵州、甘肃、青海、新疆、云南、宁夏八个西部省区市在重庆签署合作共建中新互联互通项目国际陆海贸易新通道（简称"陆海新通道"）框架协议，助推中国加快形成"陆海内外联动，东西双向互济"的对外开放格局。2019 年 8 月，国家发展改革委下达《西部陆海新通道总体规划》，它标志着陆海新通道正式上升为国家战略。

截至 2024 年底，西部陆海新通道常态化开行铁路联运班列达到 15000 列，国际铁路联运班列达到 1900 列，跨境公路班车超过 22000 车次，通达全球 126 个国家和地区的 548 个港口，累计运送货物价值超 1400 亿元，货物品种从 2016 年开始的 80 种增加到 1160 种。尽管中欧班列和陆海新通道现在还是货物运输，没有客运，但交通大通道既已开通，进一步通过改革和国际合作协定，开通国际旅游班列是大概率能够实现的，中欧班列和陆海新通道为西部发展和培育数字旅游支柱产业创造了良好的国际交通条件。

综上所述，西部大开发战略、共建"一带一路"倡议，《关于推动沿海产业向中西部地区转移的指导意见》和陆海新通道战略等政策和开放措施，为西部地区培育数字旅游支柱产业提供了巨大的发展机遇。

第四节　培育西部地区数字旅游支柱产业的意义与作用

将西部地区数字旅游业培育成为区域支柱产业，对于经济、社会、生态和文化，对于精神文明和物质文明建设，对于人与自然的和谐与生态环境建设，对于扭转服务贸易逆差，对于培育中国的正面国际形象、加强和扩大国际影响力具有重大的现实意义与深远的历史影响。

一、促进经济增长、人民生活水平提高和传统产业的转型升级

数字旅游业的发展对经济的影响是多方面的：一是促进西部地区 GDP 的快速增长。服务业是三次产业中持续增长最快的部分，而旅游业又是服务业中增长较快的产业之一。发展数字旅游业将促进西部各省区市形成新的经济增长点和区域支柱产业。

二是增加就业出路。旅游业与餐饮业、商业、酒店业、交通运输业、文化创意产业、信息技术服务业等产业紧密联系，这些行业都是劳动密集型行业，都容许大中小企业并行发展，容易创业和解决现实中的就业难题。旅游业有很好的"藏富于民"效应，如乡村旅游和小镇旅游，它直接拉动吃、住、行、游、购等上下游产业，对于增加就业、增加人民收入、振兴乡村等具有重要意义。

三是促进服务业和其他产业转型升级。发展数字旅游就要建设数字基础设施，这些数字基础设施既可以为旅游业服务，也可以为其他服务业和农业与制造业服务，它将为传统产业的改造与升级提供示范性或引导性效应。

四是改变中国服务贸易逆差的状况，增加外汇收入。中国是一个对外贸易的大国，但从现实的情况来看，货物贸易处于长期顺差状态，服务贸易处于长期逆差状态。服务贸易逆差的主要构成：①旅游贸易服务，出境旅游人多，入境旅游人少；②运输服务逆差，主要原因在于中国是货物进出口贸易大国，许多进口货物过境需购买国外交通运输服务；③知识产权使用费逆差。中国文旅部发布的数据显示：2023 年，中国国内出游人次为 48.91 亿人次，比上年同期增长 23.61 亿人次，出境旅游人次达到 8700 万人次，入境旅游人次远小于出境人口人次。2024 年实行部分国家旅游免签后，外国人入境达到 6488.2 万人次。中国西部的旅游资源价值和潜力对于改变服务贸易逆差有着重大意义和作用。

二、发展西部地区数字旅游支柱产业对于实现中国式现代化有着巨大意义和作用

中国式现代化有五大特点：一是在 14 亿人口中实现的人口规模巨大的现代化；二是共同富裕的现代化；三是精神文明与物质文明和谐发展的现代化；四是人与自然和谐共生的现代化；五是和平崛起的现代化。中国西部地区数字旅游支

柱产业的培育完全具有上述五个特点，是中国式现代化的重要组成部分。

中国西部地区地域辽阔，民族众多，旅游资源分布广泛，发展西部地区数字旅游业就是在人口规模巨大、空间广阔的环境中实现现代化。

中国西部地区的世界遗产旅游、丝绸之路旅游、乡村旅游、特色小镇旅游、民族风情旅游、非物质文化遗产旅游等将惠及城乡居民，有利于增加当地收入、实现共同富裕的目标。

要发展西部地区的数字旅游业，就要改善西部地区的生态环境、建设绿色中国、美丽中国，增加生态环境工程重点项目的投入和重大工程的建设、完善生态环境保护制度，有利于促进人与自然的和谐共生。

西部地区自古以来就是中华各民族的共同家园，在历史的长河中，形成了中华文明的重要组成部分，形成了各民族心系中华的家国情怀，勤劳善良的品格，艰苦奋斗、自强不息的进取精神，开放、包容的博大胸怀。西部的自然风光和历史文化遗产就体现了上述精神文明的内涵。西部大开发越深入，数字旅游支柱产业越发达，西部各区域之间的经济、文化、社会、政治联系就越紧密，西部地区的历史文化遗产和精神文明价值就越深入人心，从而铸牢中华民族共同体意识。

发展西部地区数字旅游支柱产业，吸引国内外旅游客到西部来，前提是有一个和平、稳定、便捷、安全的社会环境和制度环境，加强这方面的建设，实际上就是一条和平崛起之路。西部地区数字旅游业的发展既需要中国式现代化理论做引导，又体现了中国式现代化的丰硕成果和特征。

三、展示中国的国际形象，促进中外文化交流和共建"一带一路"倡议的实施

中欧班列和陆海新通道与西部航空事业的发展，将有助于扩大西部地区和世界各国人民的经济、文化交流，会吸引更多的外国友人到中国西部来旅游，使他们亲身感受到中国社会的巨大进步和中华文明的博大精神，通过这些游客的亲身经历，展示中国的国际形象，扩大中国的国际影响力。

第三章　西部地区旅游资源评价

西部地区旅游资源十分丰富，拥有全国最多的世界自然遗产与众多世界文化遗产，种类多，分布广，自然和文化景观交相辉映，具有巨大的开发潜力与旅游价值。

第一节　西部地区的世界遗产

世界自然与文化遗产是被联合国教科文组织确认的，具有巨大价值的人类宝贵遗产财富。根据中国政府网相关数据，到 2024 年 7 月，中国共有 59 处世界自然与文化遗产，其中自然遗产 15 项，文化遗产 40 项，自然与文化双遗产 4 项。我国西部地区拥有 9 项世界自然遗产、12 项世界文化遗产。

一、西部地区的世界自然遗产

1. 九寨沟世界自然遗产

九寨沟风景名胜区位于四川省阿坝藏族羌族自治州的南坪县，1992 年 12 月被列入世界自然遗产名录，它是中国第一个以保护自然风景为目的的自然保护区。该名胜风景区内因为有树正寨、荷叶寨、则查洼寨而得名。景区总面积约 620 平方千米，动植物资源和地质景观都十分丰富，以碧绿的溪水、五彩的湖泊和飞垂的瀑布闻名于世，是著名的旅游胜地。

九寨沟的主要景点包括日则沟、树正沟、则查洼沟和扎如沟，114 个湖泊、

47 眼泉水和 17 组瀑布群，区内景点因矿物质与藻类植物作用形成蓝绿交织的奇幻色彩，展现出大自然的瑰丽风光。

2. 黄龙风景区世界自然遗产

黄龙风景区位于四川省阿坝藏族羌族自治州松潘县，被联合国教科文组织确定为世界自然遗产，同时是国家 AAAAA 级景区①。该世界自然遗产以钙化地貌闻名于世，因其山势如龙、沟谷遍布金黄色钙化堆积物而得名。景区内分布有 3400 余个彩池、滩涂、溶洞和瀑布，形成了奇特的喀斯特地貌景观。黄龙风景区面积约 700 平方千米，与九寨沟世界自然遗产相距 100 千米，海拔 1700~5588 米。其主要景观集中分布于雪宝峰下的黄龙沟中，主景点五彩池群由几百个梯田状彩池组成，池水中矿物质、树木倒映和光线折射呈现出蓝色、浅蓝、绿色、金黄等颜色。黄龙寺古建筑群与自然景观交相辉映，展现了藏传佛教的深厚文化底蕴。景区内生活着大熊猫、金丝猴等珍稀动物。黄龙因其"人间瑶池"的奇幻美景，成为西部地区最具代表性的高寒喀斯特地貌形态。

3. 新疆天山世界自然遗产

天山世界自然遗产位于新疆维吾尔自治区，2013 年被联合国教科文组织列入世界自然遗产名录。该遗产总面积约 6068.33 平方千米，由四个片区组成：托木尔、巴音布鲁克、喀拉峻—库尔德宁和博格达片区，其遗产景观展现了天山山脉的地质、地貌多样性与生态独特性，是全球温带山地生态系统的典型代表。遗产区内垂直自然带谱特征显著，从海拔 5445 米的托木尔峰冰川到山麓，形成了冰川雪峰、高山草甸、森林峡谷、湖泊湿地等多重景观，生活着雪豹、北山羊等珍稀动物，也是全球苹果、杏等栽培果树的起源地之一。这里的红层峡谷与第四纪冰川遗迹，记录了 2600 多万年来的地质演化历程，具有重要的旅游与科研价值。

4. 三江并流世界自然遗产

三江并流世界自然遗产位于中国云南省西北部，覆盖怒江、澜沧江、金沙江三条大江并行奔流的区域，总面积约 1.7 万平方千米，2003 年被联合国教科文组

---

① 国家 A 级旅游景区评定标准及创建流程需依据文化和旅游部颁布的《旅游景区质量等级管理办法》《旅游景区质量等级的划分与评定》等文件执行。我国的旅游景区质量等级划分为五级，从高到低依次为 AAAAA、AAAA、AAA、AA、A 级旅游景区。

织列入《世界遗产名录》。这一世界自然遗产区域横跨横断山脉核心地带，以"四峡三江"的地质构造，形成独特的峡谷群与垂直落差约 6000 米的立体地貌，孕育了冰川雪峰、高山草甸、原始森林等多种生态系统。三条大江在 70 千米的狭窄范围内并肩南奔，形成壮丽的奇观。同时，这里融合了藏族、傈僳族等多元民族文化，成为自然与人文共生的生态区。

5. 四川大熊猫世界自然遗产

四川大熊猫世界自然遗产位于四川省，2006 年被联合国教科文组织列入《世界遗产名录》，是全球最大的大熊猫自然栖息地，覆盖卧龙、四姑娘山、夹金山等 9 个保护区，总面积约 9245 平方千米。该遗产区域内保存了全球 30%以上的野生大熊猫种群，是这一濒危动物物种的核心保护区域。遗产地涵盖以亚热带常绿阔叶林到高山冰雪带的垂直生态系统，孕育了超过 6000 种的高等植物及小熊猫、雪豹等珍稀动物，其独特的地质构造与第四纪冰川遗迹记录了生物演化的环境变化遗迹。

6. 青海可可西里世界自然遗产

青海可可西里世界自然遗产位于青海省境内，2017 年被联合国教科文组织列入《世界遗产名录》，其总面积约 6 万平方千米。该区域是世界上最大的无人区，拥有独特的生态系统和自然景观。这里拥有雪山、高原、湿地、湖泊，生活着藏牦牛、藏羚羊、藏野驴、藏狼等野生动物。此外，这里还有许多古老的墓葬遗址和遗址公园，该遗产以其神秘的魅力吸引了世界上众多的探险者和旅游观光客。我国通过立法，加强了对可可西里世界遗产的保护。随着载人无人机旅游业的发展，这里也将成为西部地区旅游的重要景区。

7. 云南澄江化石地世界自然遗产

云南澄江化石地世界自然遗产位于云南省玉溪市澄江市帽天山附近，是较为完整保留的寒武纪早期古生物化石群，2012 年被联合国教科文组织列入《世界遗产名录》。澄江化石群遗产区域总面积为 5.12 平方千米，现已发现的化石群涵盖 16 个门类 200 多个品种，以多门类的无脊椎动物化石为主，除众多的腔肠动物、线形动物外，还有一些鲜为人知的珍稀动物。澄江化石地自然博物馆已建成使用，该博物馆展示了来自世界各地的珍贵动物化石和标本 3000 多件，还运用了 AR、VR 等技术手段，使人们能够领略远古世界的风貌，增加地质演化和生物进化的科学知识。

8. 贵州梵净山世界自然遗产

贵州梵净山世界自然遗产位于贵州省东北部铜仁市，2018年被联合国教科文组织列入《世界遗产名录》。该世界遗产的核心价值体现在独特的地质构造与丰富的生物多样性方面。从地质构造价值来看，梵净山作为武陵山脉主峰，保存了全球少有的元古代变质岩群，记录了超过10亿年的地质演化形态，形成了雄奇的蘑菇石和万卷书崖等北川地貌遗迹。这里也属于亚热带山地生态系统，拥有系统的垂直植被带谱，其原始森林超过4.2万公顷，有7000多种动植物在此区域生活，被誉为"地球生态孤岛"。此外，红云金顶、古刹遗址使佛教文化与自然景观彼此交融。梵净山的双峰分别被称为老金顶和红云金顶，山上的寺庙始建于明朝时期，是弥勒佛的道场。两峰之间有石桥相连，被称为金石峡天桥，天桥连接着梵净山上的释迦殿和弥勒殿。梵净山虽然是世界自然遗产，却有着深厚的文化底蕴。

9. 巴丹吉林世界自然遗产

巴丹吉林沙漠位于内蒙古自治区阿拉善盟阿拉善右旗，2024年被第46届联合国教科文组织列入《世界遗产名录》。这片沙漠有什么独特之处和价值？它为何会被列入《世界遗产名录》？巴丹吉林沙漠—沙山湖泊群世界自然遗产位于广大的沙漠中部，总面积约1.6万平方千米，是中国第三大沙漠，其特点是沙山与沙丘间湖泊星罗棋布，湖岸芦苇茂盛，水鸟云集。全球有无数沙漠分布，但大多在炎热区域，巴丹吉林沙漠—沙山湖泊群属于冷寒沙漠，具有独一无二的景观，因而能申报成功。

二、西部地区的世界文化遗产

西部地区的世界文化遗产十分丰富，包括秦始皇陵及兵马俑，丝绸之路：长安—天山廊道路网，莫高窟，麦积山，大足石刻，青城山—都江堰，交河故城，高昌故城，布达拉宫历史建筑群，丽江古城，红河哈尼梯田，贵州海龙屯土司遗迹，左江花岩画人文景观、峨眉山—乐山大佛则属于世界文化与自然双重遗产。

1. 秦始皇陵及兵马俑

秦始皇陵及兵马俑位于陕西省西安市临潼区，是第一批全国重点文物保护单位，也是第一批被联合国教科文组织列入的中国世界文化遗产。1987年，秦始皇陵及兵马俑被列入世界文化遗产后，被誉为"世界第八大奇迹"，先后有200多位外国元首和政府首脑参观，成为西部地区最著名的旅游景点，享誉世界。该世界遗产是秦始皇帝的陵墓及陪葬坑，陵墓规模宏大，地下宫殿至今未发掘。1974年，被发现后发掘的兵马俑坑出土了约8000件与真人真马大小相等的陶俑、战车与兵器，再现了2200多年前秦朝的军事陈列与高超的雕塑工艺，是研究秦代政治、军事和手工业的珍贵实物，具有不可替代的历史价值、科学价值与文化艺术价值。

2. 丝绸之路：长安—天山廊道路网

丝绸之路：长安—天山廊道于2014年被列入《世界文化遗产》，它以中国古代西汉时期至元朝时期的交通网络为核心，连接中国古代长安至中亚的天山地区，经哈萨克斯坦、吉尔吉斯斯坦等国，道路全长5000千米，遗产点包括丝绸之路沿途的都城遗址、驿站、烽燧、宗教建筑等，如大雁塔、阿克·贝希姆遗址（碎叶城）等，反映了亚欧大陆古代商贸、文化、艺术、宗教与技术的交流与融合，彰显了丝绸之路在推动东西方文明互动中的历史作用与意义。

3. 莫高窟

莫高窟世界文化遗产位于甘肃省敦煌市，是举世闻名的佛教艺术宝库，1987年被列入《世界遗产名录》。它的开凿从中国历史上的南北朝时期至元代，历经十六国、元朝、隋唐、五代、西夏至元朝，前后延续1000多年，形成南北长约1.7千米的崖壁洞窟群，现存有735个洞窟、4.5万平方米壁画和2400多尊彩塑，是中国古代文明中的艺术宝库，也是"古丝绸之路"上多种文明之间的交流和融合的见证。其壁画内容涵盖佛经故事、历史场景、社会生活等多方面，其艺术成就融合了佛教文化与中国传统绘画和雕塑工艺，尤以"飞天"形象为代表。莫高窟是研究古代宗教、艺术、历史及东西方文明互鉴的珍贵文化遗存，具有极高的旅游观光价值。

4. 麦积山

麦积山世界文化遗产位于甘肃省天水市，2014年被列入《世界遗产名录》。麦积山孤峰突起，因山体呈圆锥状，类似农家麦垛而得名。麦积山石窟始建于公元五世纪初，历经北魏、西魏、北周、隋、唐、五代、宋、元、明清等各代，前后经 1000 多年开凿，现有洞窟 221 个，10632 身泥塑石雕，壁画 1000 多平方米，是我国四大石窟之一。该风景区内自然资源丰富、风景秀丽，具有独特的山水景观和文化价值。

5. 大足石刻

大足石刻位于重庆市大足区，1999 年被联合国教科文组织确定为世界文化遗产，是国家 AAAAA 级景区。该景区占地面积 4.9 平方千米，包括宝顶山石刻、北山石刻、南山石刻、石篆山石刻和石门山石刻五个部分，其时间跨度从 9 世纪至 13 世纪，共有 75 处遗址、5 万余尊造像、10 万余字铭文，显示出了中国石窟艺术晚期的辉煌成就。大足石刻造像的题材已突破了佛教经变故事和佛教思想的内容，融合了儒、佛、道三大传统中国文化思想，大量刻画和表现了宋代的世俗生活场景，如《牧牛图》《父母恩重经变相》等。其典型造像如千手观音、释迦牟尼涅槃成佛，保存完好，雕刻工艺精湛、举世闻名。大足石刻世界遗产展示了佛教传入中国后的中国化进程与多元文化融合的遗迹，被誉为"东方艺术明珠"和石窟史上最后的丰碑。

6. 青城山—都江堰

青城山—都江堰位于成都市，2000 年被联合国教科文组织确定为世界文化遗产。该遗产由两部分组成：一是青城山，二是都江堰。青城山以"青城天下幽"闻名于世，是中国道教发源地之一。山上道教宫观群依山而建，将道教建筑与自然山水融为一体。山上林木繁茂、四季青翠，山峰环立，状若城郭，因此取名青城山。景区曲径通幽，以天师洞和圆明宫的幽静彰显其特色。都江堰则为战国时期秦国蜀郡太守李冰父子三人主持修建的大型水利工程，以鱼嘴分水、飞沙堰排水、宝瓶口控流为三大工程主体，在 2200 多年前就科学解决了岷江的洪水泛滥，解决了分洪、灌溉与排沙三大难题，使成都平原变为"天府之国"，惠及后世两千多年至今。在都江堰水利工程中，李冰用积薪烧山、热胀冷缩的原理劈开了玉垒石，形成了宝瓶口。因此，唐代诗人在此留下了"锦江春色来天地，玉垒浮云变古今"的千古名句。青城山与都江堰两者皆体现了"天人合一""道法自然"的中国传统文化思想，成为优秀的遗产组合范例。

7. 交河故城

交河故城位于新疆吐鲁番市，2014 年作为"丝绸之路：长安—天山廊道的路网"组成部分被列入世界文化遗产。它是世界上保存最完整、规模最大的生土结构古代城市遗址。该城始建于公元前2世纪的汉代，兴盛于唐代，曾是西域车师国的都城，也曾是唐代安西都护府的治所。其独特之处在于整座城市无城墙，依崖壁为屏障，在天然台地生土中"减地留墙"雕刻而成，城内宫署办公地、寺院、民居、手工作坊等建筑遗迹清晰留存，中央大道、排水系统等遗址，展现了当时城市规划与建筑技艺的卓越成就，是丝绸之路上商贸、文化与军事、政治交流的实物见证，具有极高的历史价值、科学价值与旅游价值。

8. 高昌故城

高昌故城位于新疆吐鲁番市，是古代丝绸之路上的重要城市遗址。2014年，高昌故城作为"丝绸之路：长安—天山廊道的路网"的组成部分被列入世界文化遗产。该遗产保护区总面积约2.2平方千米，西距吐鲁番市约40千米，是西汉至元明时期新疆吐鲁番盆地的中心城镇，历经1400余年。高昌故城包括外城、内城和可汗堡宫城三部分，城内保存有大量宗教建筑遗址和宫殿遗址，展示了佛教、景教、摩尼教等多种宗教的传播与交融，是东西方文明交流的重要节点城市，与楼兰古城齐名。

9. 布达拉宫历史建筑群

布达拉宫位于西藏拉萨市西北的红山上，是一座宫堡市建筑和第一批全国重点文物保护单位，1994年被列入世界文化遗产。布达拉宫位于海拔3000多米的高原山岩之上，按佛教坛城市布局建造，建筑总面积13万余平方米，共13层，主楼高115.7米，有1267间房舍，集宫殿、灵塔殿、佛殿于一身，具有多重功能。布达拉宫的主体建筑东西两侧分别与高大的宫墙相连，宫墙所包围的区域全部属于布达拉宫。红白两色是其主体颜色，层层向上的建筑纵向空间序列，将红宫、白宫和"雪"由上而下分作三个层次。整个建筑与环境协调，既壮观又华美，是中华文明的重要组成部分和古建筑的精华作品。

10. 丽江古城

丽江古城位于云南省丽江市，1997年被列入世界文化遗产。其地处滇川藏交界的茶马古道上，是茶马古道的商贸重镇和少数文化中心，古城始建于宋末元初时期，以"三山为屏，一川相连"，依山傍水而建，玉河水系网穿流古城，形成"家家流水，户户垂柳"的奇特风貌。丽江古城的建筑融合了汉、藏、白等少数民族风格，保存了纳西族的东巴文化生活习俗及历史遗迹，体现了多民族文化交融的鲜明特色，具有极高的旅游观光价值和极大的旅游业发展潜力。

11. 红河哈尼梯田

红河哈尼梯田位于云南省红河哈尼族彝族自治州，是以哈尼族为主的各民族劳动人民创造的农耕文明奇观，2013 年被列入联合国教科文组织认定的世界遗产名录。该遗产遍布于云南红河州元阳、红河、金平、绿春四县，总面积达 100 万余亩，核心景区元阳梯田面积约 17 万亩，规模宏大。山顶森林涵盖水源、山腰为居民村寨，山脚下方为梯田，沟渠水系贯穿梯田之中。梯田依田势开垦，最高梯田层次达 3700 多级，形成壮丽瑰美的"大地雕刻"景观，展示了稻作文明的传统与智慧，被誉为"活态文化遗产"，是中国传统农业的宝贵财富，也是研究生态农业和哈尼族文化的珍贵实证范例，具有极高的旅游观光价值。

12. 贵州海龙屯土司遗迹

贵州海龙屯土司遗迹位于遵义市汇川区，2015 年被列入世界文化遗产。该遗址始建于南宋理宗执政的宝佑时期，为播州土司政权营建的军事要塞，是亚洲保存最完好的中世纪山地军事城堡遗存。城堡依险峻的龙岩山而修建，现存有 9 千米长的城墙、关隘、瞭望台等，并以"飞龙关""朝天关"等 9 道雄关为主，形成坚固的立体军事防御体系。该遗址对研究中国古代军事防御与土司制度等具有重要科学价值，具有很大的旅游价值。

13. 左江花山岩画世界文化遗产

左江花山岩画世界文化遗产位于广西壮族自治区崇左市宁明县，2016 年被联合国教科文组织列入《世界遗产名录》。左江花山岩画文化景观区域分布于左江、明江河段的河谷地带，长约 105 千米，景区总面积达 66.2 平方千米，包含 107 处岩画、3816 个图像。岩画创作于公元前 5 世纪至公元 2 世纪，即从战国到东汉王朝，由壮族先民骆越人绘制，以赭红色"蹲式人性"为基础符号，绘有动物、铜鼓、刀剑等图案，记录了古代祭祀、巫术等活动场景，形成了独特的景观，也展示了古代独特的赤铁矿颜料与植物胶黏合的工艺技术，是"自然与人的共同作品"。

14. 峨眉山—乐山大佛世界遗产

峨眉山—乐山大佛世界遗产位于四川省乐山市境内。峨眉山是中国四大佛教名山之一，乐山大佛是世界上最大的石刻佛像，两者于1996年被联合国教科文组织列为世界自然与文化双重遗产。峨眉山地处成都平原西南，以"峨眉天下秀"闻名于世，其主峰万佛顶海拔3099米，拥有完整的从亚热带到寒温带的垂直植被带谱，保存有3700多种植物，2300多种动物，被誉为"地质博物馆"与"动植物王国"。其佛教文化始于东汉，盛于唐宋，山下的报国寺与山上的万年寺均为旅游胜境中的热门景点。乐山大佛位于峨眉山东麓的岷江、青衣江、大渡河三江汇流处，石刻造像为弥勒佛像，通高71米，为世界最高石刻佛像。大佛依凌云山崖凿刻而成，面江而立，于唐代始建，历时约90年竣工。虽经千年江水侵蚀和风吹雨打，大佛造像依然完美，是古代建筑、雕刻、艺术和生态保护的接触范例。峨眉山和乐山大佛虽然是两处旅游风景区，却具有佛教文化与自然山水融为一体的共同特征，且相距较近，故同属世界文化与自然双重遗产。

上述世界自然与文化遗产是西部地区最重要的旅游资源，也是旅游目的地。

第二节　西部地区的其他旅游资源

西部地区除了众多的世界遗产旅游资源之外，还有分布广泛的国家 AAAAA 级自然与人文景区，包括自然风光旅游、特色小镇旅游、民族风情旅游、红色旅游、非物质文化遗产旅游等种类。现概述如下：

一、西部地区的国家 AAAAA 级自然风光景区旅游资源

西部地区的国家 AAAAA 级自然风光景区包括：

新疆维吾尔自治区有可可托海、白沙湖、赛里木湖、那拉提、世界魔鬼城、葡萄沟、天山天池、天山大峡谷等景区。

甘肃有嘉峪关、崆峒山、鸣沙山月牙泉、炳灵寺、宫鹅沟等景区。

陕西有华清池、大雁塔、大唐芙蓉园、华山、法门寺、黄帝陵、太白山、黄河壶口瀑布等景区。

宁夏回族自治区有沙湖、沙坡头、水洞沟、青铜峡、黄河大峡谷等景区。

青海有青海湖、塔尔寺等景区。

内蒙古自治区有成吉思汗陵、满洲里中俄边境旅游区、响沙湾旅游区、阿尔山—柴河旅游区、阿斯哈图石林、胡杨林等景区。

广西壮族自治区有桂林市漓江、独秀峰·靖江王城、桂林市两江四湖·象山、柳州市程阳八寨、北海市洲岛南湾鳄鱼等景区。

西藏自治区有雅鲁藏布大峡谷、日喀则市扎什伦布寺、拉萨市大昭寺、林芝市巴松措等景区。

云南有昆明市石林、丽江市玉龙雪山、西双版纳热带植物园、大理崇圣寺三塔文化旅游区、普达措国家公园、昆明世博园、保山市火山热海旅游区等。

贵州有毕节市织金洞、遵义市赤水丹霞旅游区、毕节市百里杜鹃、安顺市龙宫、黄果树大瀑布等景区。

四川有甘孜藏族自治州稻城亚丁湾旅游景区、海螺沟景区,广元市剑门蜀道剑门关、阆中古城等景区。

重庆有武陵山大裂谷、阿依河、龙缸、白帝城·瞿塘峡、金佛山、万盛黑山谷—龙鳞石海、桃花源等景区。

上述西部地区国家 AAAAA 级旅游景区名单并不完整,但足以反映西部地区国家级旅游景区的一般状况。

二、西部地区的特色小镇旅游资源

西部地区具有代表性的特色小镇景区有广西贺州市的黄姚古镇、四川成都市的安仁古镇、四川宜宾的李庄古镇、贵州贵阳花溪青岩古镇、重庆市酉阳的龚滩古镇、云南省普洱市的茶马古镇、西藏自治区乃东区的昌珠古镇、青海省西宁市望中区的鲁沙尔镇、新疆乌鲁木齐市达坂城古镇、甘肃兰州市的河口古镇,宁夏银川市的镇北堡镇、陕西省境内位于陕甘川交界处的青木川古镇、内蒙古西部的康巴什康镇。

西部的小镇分布广泛,数量众多,以其独特的地理环境、历史文化和民族风情著称,形成了多样化的特色风貌。具有以下特点:

一是自然与人文环境融合,如陕西安康的凤阳古镇"太极城"以天然水系形成太极图案,展现山水与古镇的共生。

二是体现了多元民族文化，如四川洛带古镇作为"西部客家第一镇"，完整保留了清代四大会馆和客家方言，客家文化是洛带古镇的独特标记。

三是将生态环境建设与旅游发展紧密结合起来，如四川甘孜藏族自治州理塘县的勒通古镇，其千户藏寨统一规划、统一建设，保护了生态环境，集中展现了藏民族文化风貌。

三、西部地区的红色旅游资源

西部地区的红色旅游资源以其大量的革命历史遗址和丰富的历史文化内涵成为传承革命精神、弘扬爱国主义教育和学习中国近代革命史的重要载体。这些红色资源主要体现在中国工农红军进行二万五千里长征时留下的大量革命遗迹和老一辈无产阶级革命家留下的活动遗迹与纪念馆方面。

贵州的红色旅游景点有：①遵义会议会址；②丙安古镇；③娄山关战斗遗址；④息烽集中营；⑤红军总政治部旧址；⑥苟坝会议会址；⑦红军烈士陵园；⑧青杠坡红军烈士纪念碑；⑨中国女红军纪念馆等。

云南的红色旅游景点有：①红军长征时的金沙江渡口；②西南联大博物馆；③云南起义纪念馆；④云南解放纪念馆；⑤昆明朱德旧居纪念馆等。

广西壮族自治区的红色旅游景点有：①百色市红七军军部旧址；②崇左市龙州县红八军军部旧址；③广西农民运动讲习所旧址；④红军长征突破湘江烈士纪念碑园；⑤湘江战役灌阳新圩阻击战旧址；⑥湘江战役全州觉山铺阻击旧址；⑦八路军驻桂林办事处旧址等。

四川的红色旅游景点有：①广安市邓小平故居陈列馆；②广元市、巴中市、达州市、南充市川陕甘根据地红色旅游系列景点；③四川会理市皎平渡红军渡江遗址、泸定县红军飞夺泸定桥纪念馆、甘孜县朱德总司令和五世格达活佛纪念馆、两河口会议遗址等系列红军长征旅游景区；④宜宾市赵一曼纪念馆；⑤资阳市乐至县陈毅故居；⑥南充市仪陇县朱德故居；⑦绵阳市"两弹一星"国防科技教育基地；⑧凉山州中国西昌卫星发射中心；⑨"5·12"抗震救灾系列景区；⑩泸州市泸顺起义旧址。

重庆的红色旅游景点有：①红岩革命纪念馆；②歌乐山革命纪念馆、"11·27"大屠杀遗址；③开州区刘伯承故居及纪念馆；④江津区聂荣臻元帅陈列馆；

⑤酉阳县赵世炎烈士故居；⑥潼南区杨闇公旧居及烈士陵园；⑦城口县苏维埃政权遗址；⑧中共中央南方局暨八路军驻重庆办事处旧址；⑨国共合作遗址及抗日民族统一战线遗址群；⑩邱少云烈士纪念馆。

西藏自治区的红色旅游景点有：①西藏山南烈士陵园；②拉萨烈士陵园；③日喀则地区江孜县宗山抗英遗址；④昌都烈士陵园等。

陕西的红色旅游景点有：①八路军西安办事处纪念馆；②西安事变纪念馆；③汉中市川陕革命根据地纪念馆；④延安革命纪念馆系列景区，包括枣园、杨家岭、王家坪、凤凰山、清凉山等革命遗址，洛川会议、瓦窑堡会议旧址，吴起镇革命旧址；⑤咸阳市旬邑县马栏革命旧址；⑥铜川市陕甘边革命根据地照金纪念馆；⑦宝鸡市凤县革命纪念馆；⑧黄陵县小石崖革命旧址等。

甘肃的红色旅游景点有：①会宁县红军长征会师旧址；②腊子口战役纪念馆；③通渭县榜罗镇革命遗址；④古浪县俄界会议旧址；⑤兰州市八路军兰州办事处旧址；⑥庆阳市华池县陕甘宁边区苏维埃政府旧址；⑦庆阳市环县山城堡战役旧址；⑧酒泉市玉门油田等。

青海省的红色旅游景点有：①西宁市的中国工农红军西路军纪念馆；②海北州青海原子城遗址；③果洛州班玛县红军沟革命遗址；④玉树州抗震救灾纪念馆；⑤海东市十世班禅故居等。

宁夏回族自治区的红色旅游景点有：①六盘山红军长征纪念景区；②吴忠市同心县红军西征纪念景区；③吴忠市盐池县革命烈士纪念馆；④银川市永宁县中华回乡文化园等。

新疆维吾尔自治区的红色旅游景点有：①乌鲁木齐市八路军驻新疆办事处纪念馆；②乌鲁木齐市革命烈士陵园；③哈密市红军西路军进疆纪念园；④克拉玛依油田一号井；⑤于田县库尔班·吐露木纪念馆；⑥巴音郭楞蒙古自治州马兰红山军博园；⑦伊犁林则徐纪念馆；⑧阿图什市赛福鼎·艾则孜故居等。

西部地区的红色旅游资源产生于近代以来的革命时期和现代的社会主义建设时期，资源在不断积累和丰厚。

四、西部地区的非物质文化遗产旅游资源

非物质文化遗产是我国人民在长期的历史进程中，通过世代相传、人工制作

形成的与传统文化表现形式相关的实物、工艺、文化与艺术产品，是中华优秀传统文化的重要组成部分，也是重要的旅游文化资源。

中国的非物质文化遗产分为国家级、省级、市级和县级四类。截至2023年12月，中国的国家、省、市、县四级非物质文化遗产名录共认定10万余项，其中国家级非物质文化遗产代表性项目1557项，被联合国教科文组织认定的非物质文化遗产名录项目为43项。中国西部地区的世界非物质文化遗产名录丰富多样，展现了西部地区多元的民族文化和深厚的历史底蕴。列入世界非物质文化遗产的西部地区项目名录如下：

1. 新疆维吾尔木卡姆艺术

该项目是流传于中国新疆维吾尔自治区的各种木卡姆的总称，是集歌、舞、乐于一体的大型综合艺术形式，传统代表作为《十二木卡姆》。

2. 蒙古族长调民歌

该项目是一种在盛大节日表达的长调演唱。蒙古族盛大节日包括婚礼、乔迁新居、孩子出生、摔跤和射箭运动会等。

3. 蒙古族呼麦歌唱艺术

该项目是一种奇特的歌唱艺术：一个歌手单用自己的发声器官，同时唱出两个声部。它是中国各民族民歌中独一无二的民间歌唱形式。

4. 热贡艺术

该项目主要指唐卡、壁画、堆绣、雕塑等佛教造型艺术，是藏传佛教文化的重要艺术形式。

5. 西安鼓乐

该项目是流传在西安及其周边地区的鼓乐。乐队用鼓击乐器与旋律乐器，使用着唐宋时期俗字谱的记写方式进行演奏，是中国传统器乐文化的典型代表。

6. 花儿

该项目是产生于明代初期，流传于中国西北地区甘肃、青海、宁夏三省区多民族，由其共同创造与演唱的民歌。

7. 玛纳斯

《玛纳斯》是柯尔克孜史诗，是中国三大史诗之一，传唱千年，反映了柯尔克孜人的传统生活，其最有名的是玛纳斯及其后世共八代英雄的传奇叙事。

8. 格萨尔

该项目是关于藏族古代英雄格萨尔神圣业迹的宏大叙事，全面反映了藏族人民关于自然万物的经验与知识。

9. 侗族大歌

该项目是产生于贵州侗族的无伴奏、无指挥的多声部民歌，包括声音歌、叙事歌、童声歌、踩堂歌和拦路歌等民间歌声。

10. 藏戏

藏戏是形成于 14 世纪、流传于青藏高原地区，人们戴着面具，以歌舞形式表演故事的藏族戏剧。藏戏原来流传于民间，现已有专业剧团。

11. 藏医药浴法

藏医药浴法是藏族人民创造的，通过沐浴天然温泉或药物熬煮的水汁或蒸汽，实现生命健康和疾病防治的传统知识运用形式。

12. 羌年

羌年是主要居住于四川省的羌族人民的重要节日，是集民间习俗、口头传统、表演艺术、传统工艺于一体的综合性文化实践，2009 年被联合国教科文组织《保护非物质文化遗产公约》列入急需保护的非物质文化遗产名录。2024 年 12 月被转入人类非物质文化遗产代表作名录。

13. 中国剪纸

中国剪纸是用剪刀或刻刀在纸上剪刻花纹，用于装点住宅和生活的一种民间艺术，广泛存在于陕北地区、河北、山东、江苏、浙江等地。陕北剪纸主要集中在延安、榆林等地，是被誉为"活化石"般的民间艺术瑰宝。

除了上述被联合国教科文组织认定的世界非物质文化遗产外，西部地区还有广泛分布、种类繁多的国家级非物质文化遗产。例如，四川的绵竹木版年画、藏羌碉楼、成都漆艺、川剧变脸、泸州雨坛彩龙、峨眉武术等。云南的白族扎染技术、傣族孔雀舞、彝族火把节、布朗族蜂桶鼓舞等。贵州有织金蜡染、苗绣、花溪苗族挑花技术、苗族芦笙舞、水族马尾绣等国家级非物质文化遗产。广西有壮锦、铜鼓、瑶族刺绣、侗族大歌等国家级非物质文化遗产。重庆有梁平木版年画、铜梁龙舞、木洞山歌、土家族吊脚楼营造技艺、秀山花灯等国家级非物质文化遗产。西藏有锅庄舞、卡垫织造技艺、藏族金属锻造技艺、藏族造纸技艺、藏香制作技艺等国家级非物质文化遗产。新疆有维吾尔族达瓦孜高空走索杂技、哈萨克族阿依特斯曲艺、锡伯族西迁节、维吾尔族民歌、赛乃姆舞蹈等国家级非物质文化遗产。内蒙古有蒙古包营造技艺、祭敖包、蒙古族马具制作技艺、蒙古族刺绣、蒙古族服饰等国家级非物质文化遗产。甘肃有甘南藏戏、陇东皮影、甘肃剪纸、洮砚制作技艺、兰州牛肉面制作技艺等国家级非物质文化遗产。青海有热贡六月会、土族纳顿节、加牙藏族织毯技艺、湟源排灯、塔尔寺酥油花等国家级非物质文化遗产。宁夏有回族剪纸、贺兰砚制作技艺、宁夏小曲、固原砖雕、手抓羊肉制作工艺等国家级非物质文化遗产。陕西有91个国家级非物质文化遗产，除列入世界非物质文化遗产的项目之外，还有咸阳茯茶、秦腔、陕北秧歌、绥米唢呐等著名项目。

西部地区非物质文化遗产的多元性、动态性和分布广泛性为西部地区数字旅游支柱产业的发展提供了巨大的增长空间与潜力。

第三节　西部地区旅游资源的特点与评价

西部地区的旅游资源具有以下特点：

一、西部地区的自然风光雄奇瑰丽，种类齐全，具有垄断性和世界级吸引力

西部地区总面积为685万平方千米，地域广阔，具有高原、雪峰、冰川、沙漠、湿地、江河、湖泊、峡谷、瀑布等多种地貌形态，多样的气候类型和较完整的生物体系与生物链，与中国东部和中部的自然风光迥然不同。世界上的绝大部分国家地貌形态单一，居住在那里的人们从未领略过中国西部地区博大、宏伟、瑰丽的多样性自然风光。西部地区的风光能吸引不同国度、不同地区的游客，满足多层次需要。游客到了三江源、长江三峡和黄河壶口瀑布等江河景点，看到奔腾的江水一去不复返的壮丽景象，便会自然地想起"天行健，君子以自强不息"的中国智慧与思想。游客们到了广阔的青藏高原，便会自然地产生"地势坤，君

子以厚德载物"的情怀。游客们到了九寨沟、黄龙沟，便会为宁静、秀美的景色而折服，产生"宁静以致远，淡泊以明志"的高尚境界。

二、西部地区的人文资源具有悠久性、多元性、融合性和现代性

西部地区的人文资源源远流长，且在 4000 年前，四川蜀地的"三星堆"遗址就展现出了中国古代文明的先进工艺、技术和灿烂光辉。在 2200 多年前，就产生了"秦始皇陵兵马俑""都江堰"工程，以及"丝绸之路"的各种景观。西部地区是我国绝大部分少数民族的家园，各少数民族的建筑、雕刻、歌舞、习俗等千姿百态，各具特色，对国内外的不同民族均有巨大的吸引力。西部地区的宫殿、寺庙、城池等物质文化遗迹均表现出汉族和少数民族、中华文明与西方文明之间的相互影响和多元文化融合的特征。西部的原子城遗迹和三峡大坝等景观则呈现出中国人在艰苦的条件下所取得的现代科技成就。人们到了"泸定桥"，看到惊涛拍岸、山高峰险，便会想到太平天国石达开在安顺场的失败，想到红军的英勇事迹，想到毛主席的长征诗句："红军不怕远征难，万水千山只等闲。五岭逶迤腾细浪，乌蒙磅礴走泥丸。金沙水拍云崖暖，大渡桥横铁索寒。更喜岷山千里雪，三军过后尽开颜。"来到玉门关、嘉峪关和长城遗址，人们便会联想起"秦时明月汉时关，万里长征人未还。但使龙城飞将在，不教胡马度阴山"的唐人诗句，对先辈们的家国情怀的敬意油然而生。参观成都的杜甫草堂，便会想起《茅屋为秋风所破歌》。参观成都的武侯祠，便会想起中学时代学习过的《隆中对》和《出师表》等千古名篇。可见，西部地区的人文旅游资源和中国的优秀传统文化有着紧密的内在联系。

三、西部地区的旅游资源与水能、太阳能、风能资源联系密切，组合良好，有利于发展数字旅游业

西部地区拥有丰富的水能、太阳能和风能资源，具有发展新能源的优势。西部地区的新能源类型主要是水电、风电和光伏发电。西部地区的水能资源占全国的 80% 以上，主要分布在金沙江、雅砻江、大渡河、乌江、红水河与黄河上游。风电和光伏发电主要集中在新疆、内蒙古、甘肃、青海等省区。截至 2023 年 12 月，西部地区 12 个省份的新能源装机总规模超过 4 亿千瓦，占全国新能源装机

规模的40%左右。新疆是我国西部地区首个新能源装机容量超过 1 亿千瓦的省份。

发展数字旅游需要持续而巨大的电力供应与电力保障。旅游经济具有地域性、季节性的特点，新能源产业也具有地域性、季节性的特点。西部地区旅游经济的季节性高低峰与新能源产业发电的季节性高低峰在季节上、地域上完全一致，这种结合是西部地区发展数字旅游的特点和优势。

四、西部地区旅游资源与低空经济有着内在的紧密联系

西部地区的旅游资源不同于东部地区的北京、上海、广州等大城市。这些大城市的旅游资源多集中在城市，而高楼林立的大城市不适合发展低空经济。西部地区的旅游资源绝大部分分布在远离大城市的郊野，特别是自然遗产项目。由于田野广阔、平缓，有利于发展无人机载人旅游和无人机快递服务。2024 年的《政府工作报告》就提出了积极发展低空经济，增加经济增长新引擎的政策指引。

西部地区虽然有旅游资源优势，但开发程度低、不平衡，还没有转化为现实优势和经济优势。资源优势是一种潜在优势，是经济优势形成的物质基础和文化基础，是重要的条件。经济优势表现为一定区域所形成的支柱产业、优势行业、专门化服务与名牌商品。从整体优势的发挥来看，西部地区的旅游资源尚未转化为现实的经济优势，尚未成为西部各省份的区域支柱产业，尚有巨大的发掘潜力。

第四章　西部地区旅游业发展现状

自 2000 年国家实施西部大开发战略以来，旅游业就一直是国家强调的产业发展重点，其旅游资源已形成一定规模，基础设施得到较大改善，旅游经济增长较快，在西部地区的产业结构中占有重要地位。

第一节　西部地区旅游业总体概况

一、西部地区旅游业总体发展现状

西部地区各省区市旅游业发展主要表现为以下方面：

1. 西部地区依托旅游资源优势，已建成一大批 A 级旅游景区

在西部地区 12 省区市中，按 A 级旅游景区建设数量来看，西北地区的 AAAAA 级景区建设数量相对较少。表 4-1 列出了重庆、四川、贵州、云南的区分等级 A 级景区数量。

表 4-1　2022 年西部地区部分省区市区分等级 A 级景区数量　　单位：个

地区	AAAAA 级	AAAA 级	AAA 级	AA 级	A 级	总计
重庆	11	140	83	37	2	273
四川	16	321	444	84	1	866

续表

地区	AAAAA 级	AAAA 级	AAA 级	AA 级	A 级	总计
贵州	9	143	361	36	7	556
云南	9	158	308	75	12	562

资料来源：《中国文化文物和旅游统计年鉴 2023》。下表同。

从 A 级旅游景区建设的总体情况来看，在西部地区各省区市的旅游业发展中，旅游资源开发规模和力度都较大。

2. 西部地区 A 级景区旅游业直接从业人员、接待人次、门票收入已初具规模

表 4-2 显示出 2022 年西部地区 A 级景区旅游业的区域情况。西部 12 省区市 A 级景区旅游从业者总人数为 54.26 万人，占全国直接从事旅游业总人数 146.58 万人的 37%，其中四川一省 A 级景区旅游业直接从业人数就高达 24.47 万人，占全国直接从事旅游业总人数的比重为 16.7%，也就是说四川一省 A 级景区直接从业人数占西部 12 省区市的 45% 以上。由此可见，四川的旅游业在西部地区和全国均占有重要地位。旅游业除 A 级景区直接从业人员外，还有旅店业、餐饮业、出租车行业等间接从事旅游服务的人员，是解决现实就业出路的重要劳动密集型产业。

表 4-2　2022 年西部地区各省区市 A 级景区旅游业直接从业人员、接待人次和门票收入

地区	直接从业人数（万人）	接待人次（亿人次）	门票收入（亿元）
全国总计	146.58	26.33	336.42
内蒙古	2.49	0.21	3.20
陕西	5.10	0.82	12.40
甘肃	1.80	0.41	3.04
青海	0.69	0.17	2.92
宁夏	1.20	0.12	1.36

地区	直接从业人数（万人）	接待人次（亿人次）	门票收入（亿元）
新疆	3.03	0.46	4.63
广西	4.67	1.14	8.17
重庆	2.39	0.88	11.58
四川	24.47	1.90	23.21
贵州	4.10	0.73	5.86
云南	3.94	0.77	12.57
西藏	0.38	0.03	0.41

从西部 12 省区市旅游接待人次看，四川高达 1.9 亿人次，广西为 1.14 亿人次，重庆和陕西在 8000 万人次以上，云南和贵州均在 7000 万人次以上。西部地区 2022 年接待游客总人次为 7.64 亿人次，约占全国 26.33 亿总人次的 29%。

从西部地区 A 级景区的门票收入看，四川最高，为 23.21 亿元，云南、陕西和重庆均在 10 亿元以上。

从旅游业从业人员人均 A 级景区门票收入看，全国平均约为 2.30 万元/人，重庆约为 4.84 万元/人，陕西约为 2.43 万元/人，四川约为 0.95 万元/人。重庆 A 级景区旅游业直接从业人员的人均门票收入高出全国平均水平一倍以上，陕西省也高出全国平均水平。重庆 A 级景区直接从业人员人均门票收入之所以高出全国平均水平一倍以上，最根本的原因是 AAAAA 级景区占 A 级景区的比重较高，为 4% 以上，而全国 AAAAA 级景区占 A 级景区比重仅为 2.27%，西部的陕西为 2.2%，四川仅为 1.8%。

3. 西部地区已建成一大批博物馆

博物馆是旅游的重要参观内容和目的地之一。从博物馆的建设现状来看，陕西和四川走在西部 12 省区市前列，均在 300 个以上，甘肃为 230 个，其余省区市均在 200 个以下（见表 4-3）。

表 4-3　2022 年西部地区各省区市博物馆机构数量　　　单位：个

地区	数量	地区	数量	地区	数量
内蒙古	166	青海	24	四川	316
广西	141	宁夏	64	贵州	124
陕西	321	新疆	169	云南	178
甘肃	230	重庆	130	西藏	15

4. 西部地区已有的艺术表演团体和艺术表演场馆

西部地区是我国多民族居住的区域，其歌舞、戏曲、器乐等动态活动形式在悠久的历史长河中形成了各自的鲜明特色，在现有的世界级和国家级非物质文化遗产中占有很大的比重。这些世界非物质文化遗产和国家级、省级非物质文化遗产中的歌舞乐只能通过艺术表演团体来展示其内容和价值。加上现在的声、光、电技艺的融入，能够形成人、物与山水环境、人文环境的和谐统一，深受游客喜爱，而且能延长游客在旅游目的地的旅游天数，为当地带来更大的经济价值。

综合艺术表演团体和艺术表演场馆两方面的发展现状，重庆、四川和陕西居于前列（见表 4-4）。

表 4-4　2022 年西部地区各省区市艺术表演团体和

艺术表演场馆机构数量　　　单位：个

地区	艺术表演团体机构数量	艺术表演场馆机构数量
内蒙古	229	11
广西	74	10
陕西	533	57
甘肃	370	17
青海	105	11
宁夏	30	3
新疆	119	11
重庆	1190	18

地区	艺术表演团体机构数量	艺术表演场馆机构数量
四川	734	35
贵州	126	6
云南	284	11
西藏	86	13

5. 西部地区的旅行社和星级酒店

旅行社和星级酒店的数量能够反映出一个地区的旅游营销能力和接待能力。2022 年，西部地区旅行社和星级酒店数量如表 4-5 所示。

表 4-5　2022 年西部地区各省区市旅行社和星级酒店的数量　　单位：个

地区	旅行社数量	星级酒店数量
内蒙古	1071	156
广西	724	332
陕西	854	260
甘肃	833	284
青海	458	210
宁夏	169	63
新疆	737	363
重庆	712	125
四川	695	329
贵州	560	190
云南	1327	334
西藏	201	152

从旅行社数量来看，前五名依次是云南、内蒙古、陕西、甘肃和新疆；从星级酒店数量来看，前五名依次是新疆、云南、广西、四川和甘肃。

6. 西部地区星级酒店主要经济指标

2023 年的《中国统计年鉴》仅能反映 2022 年的状况，而 2022 年受疫情影响，旅游业还未完全恢复正常，故西部地区 12 省区市的星级酒店平均客房出租率均未超过 50%，空房率高（见表 4-6）。

表 4-6　2022 年西部地区各省区市星级酒店主要经济指标

地区	床位数（张）	营业收入（亿元）	平均客房出租率（%）	平均房价（元/天）
内蒙古	37123	15.30	30.69	242
广西	141224	22.83	37.64	205
重庆	30031	17.87	42.47	312
四川	74949	46.07	39.03	304
贵州	40701	19.95	40.45	263
云南	71421	24.00	34.90	233
西藏	6856	1.96	48.11	220
陕西	68554	31.13	37.38	278
甘肃	58500	17.54	33.97	202
青海	25205	5.92	29.67	244
宁夏	13931	4.65	38.68	200
新疆	58549	16.05	34.07	217

7. 西部地区动漫企业发展状况

动漫企业在数字旅游业发展中具有巨大的影响力和作用，它主要体现在以下方面：

（1）旅游目的地吸引力：动漫企业通过动漫作品产生强大的文化影响力，吸引大量"粉丝"前往动漫作品中的场所观光打卡。

（2）打造沉浸式体验场景：动漫企业在数字旅游中能够打造沉浸式体验场景，使游客在这些场景中产生亲临其境的文化体验和感受。

（3）创新营销手段：动漫形象具有动态性、时代性，个性鲜明，能够为数字旅游业带来新的营销手段。

（4）促进入境旅游：动漫企业通过制作具有中国文化特色的优秀动漫作品，向世界传播中国声音，讲好中国故事，借助动漫形象促进文化交流，吸引外国游客到中国动漫作品中的场所旅游，促进入境旅游人数的增长。

2022年，西部地区各省区市认定的动漫企业基本情况如表4-7所示。

表4-7　2022年西部地区各省区市认定的动漫企业基本情况

地区	机构数（个）	从业人员（个）	营业收入（亿元）
全国	431	14138	81.27
内蒙古	5	29	0.05
广西	9	198	0.36
重庆	6	319	1.28
四川	3	303	4.78
贵州	—	—	—
云南	9	196	0.71
西藏	2	8	0.01
陕西	11	110	0.52
甘肃	6	55	0.02
青海	—	—	—
宁夏	5	80	0.18
新疆	4	38	0.11

动漫企业在建设西部地区数字旅游支柱产业中发挥着一定作用，但在西部地区仍处于起步阶段，企业和从业人员较少，机构总数仅占全国的14%，而从业人员仅占全国从业人员总数的9.4%，营业总收入占全国营业总收入的9.87%。

8. 西部地区文化和旅游事业费投入情况

自2000年西部大开发启动以来，西部经济取得了巨大的成就，西部各地区的文化和旅游事业费投入也有了很大的增长。

文化和旅游事业费是政府通过财政投入、用于文化和旅游基础设施建设及文化公益事业的专项资金。由于文旅联系在一起，故其投入也合并计算。20多年来，西部地区各省区市的文化和旅游事业费投入大幅增加。与2000年相比（见表4-8），2022年从人均文化和旅游事业费投入来看，内蒙古增长了23倍，广西增长了13倍，重庆增长了24倍，四川增长了26倍，贵州增长了19倍，云南增长了18倍，西藏增长了19倍，陕西增长了17.7倍，甘肃增长了22倍，青海增长了19倍，宁夏增长了26.8倍，新疆增长了23.7倍。财政的支持和经费投入是西部大开发20多年来旅游业迅猛发展的重要原因。

表4-8　2000年和2022年西部地区各省区市文化和旅游事业费投入比较

地区	2000 年		2022 年	
	总量（万元）	人均（元）	总量（万元）	人均（元）
全国	631591	4.99	12017593	85.13
内蒙古	14515	6.11	356834	146.12
广西	14608	3.25	230329	45.64
重庆	9151	2.96	237409	73.89
四川	20500	2.46	562668	67.19
贵州	9131	2.59	201969	52.38
云南	23945	5.58	512023	109.10
西藏	4264	16.27	119805	329.13
陕西	13976	3.88	286849	72.51
甘肃	9130	3.56	202316	81.19
青海	3696	7.14	86220	144.91
宁夏	3625	6.45	130471	179.22
新疆	10518	5.46	340672	134.78

由于统计相对困难，西部地区各省区市的散游和自驾游的资料并未完全统计在内。上述八个方面的资料与数据虽然还不全面，但基本能系统、全面地展示出西部地区旅游业发展的现状。

二、西北地区旅游业发展现状

西北地区包括陕西省、甘肃省、宁夏回族自治区、青海省、新疆维吾尔自治区和内蒙古自治区。

1. 陕西省

2024 年，陕西省全省全年共接待国内游客 8.17 亿人次，旅游收入 7668 亿元；接待入境游客 46.77 万人次，按可比口径同比增长 77%；举办大型营业性演出 66 场，直接票房收入 6.56 亿元。[①] 其中，在国庆假期期间，陕西省累计接待国内游客 4601.46 万人次，同比增长 5.13%，游客总花费达到 350.08 亿元，同比增长 6.99%，均创历史同期新高。[②] 游陕西平台发布的《2024 国庆假期旅游大数据报告》显示，在国庆期间，陕西省旅游日均游客接待规模较上年同期同比增速为 32.5%，全省文旅消费规模同比增长 27.2%；夜间文旅消费规模同比增长 27.9%。其中，大唐不夜城、秦始皇帝陵博物院（兵马俑）、西安城墙·碑林历史文化景区、西安大雁塔·大唐芙蓉园景区和陕西历史博物馆是最热门的目的地。

陕西省文化和旅游厅发布的《2025 年春节假期陕西文旅市场繁荣有序》一文中显示，在 2025 年春节期间，陕西省重点监测的 51 个重点旅游景区共接待游客 791.3 万人次，同比增长 3.11%；旅游经营收入 44632.56 万元，同比增长 6.26%。特别是接待省外游客 1017 万人次，同比增长 1%；过夜游客人均停留天数 3.01 天，同比增长 14%，充分体现了陕西对于外地游客的浓厚吸引力。其中，袁家村景区和中华郡景区在这个假期分别接待了 123.2 万人次和 114.80 万人次，稳居全省接待游客人次数前两位。

游陕西平台、美团平台与西安交通大学新闻与新媒体学院联合发布的《2025 春节假期旅游大数据报告》显示，2025 年春节假期（2025 年 1 月 28 日至 2 月 4 日）陕西省文旅消费规模有较大提升。节日期间外省用户占比 62.0%，消费占比

① 陕西省文化和旅游厅. 去年陕西重点文旅产业链营收 8638 亿元同比增长 11.7% ［EB/OL］. (2025-02-10)［2025-02-28］. 陕西日报, https://whhlyt.shaanxi.gov.cn/zfxxgk/fdzdgknr/tjxx/202502/t20250210_3430010.html.

② 李卫. 陕西接待国内游客 4601 万人次 创历史同期新高 ［EB/OL］. (2024-10-09)［2025-02-28］. 陕西省林业局, https://lyj.shaanxi.gov.cn/zwxx/sbxw/202410/t20241009_2830235.html.

75.8%。夜间文旅消费规模占比约 68.9%。其中，西安城墙·碑林历史文化景区、大唐不夜城、秦始皇帝陵博物院（兵马俑）、西安大雁塔·大唐芙蓉园景区和陕西历史博物馆热度仍居高不下。

2. 甘肃省

2024 年，甘肃省文旅行业全年共接待游客 4.51 亿人次，旅游花费达 3452 亿元，同比分别增长 15.9%和 25.7%。带动铁路客运量、公路客运量、航空旅客吞吐量分别增长 11.9%、8.0%、10.7%，兰州中川机场旅客吞吐量突破了 1700 万人次。2024 年，敦煌市游客接待量首次突破 2000 万人次，同比增长 24.3%，成为拉动全省文旅消费增长的重要引擎。① 其中，2024 年国庆假期甘肃省共接待游客 2621 万人次，旅游花费 160.8 亿元。全省七家 AAAAA 级旅游景区和敦煌莫高窟共接待游客 110 万人次，较上年同期增加 17 万人次，天水市麦积山大景区、敦煌鸣沙山月牙泉、敦煌莫高窟、张掖七彩丹霞旅游景区、陇南宕昌官鹅沟大景区、平凉崆峒山景区等都是游客的热门选择。②

2025 年春节假期，甘肃省全省共举办春节主题文旅活动 1418 项，累计接待游客 1805 万人次，实现旅游收入 100.3 亿元，同比分别增长 10.2%和 11.9%。其中，接待游客数量前五位的景区分别是麦积山、嘉峪关关城、鸣沙山月牙泉、七彩丹霞、敦煌莫高窟；接待游客数量前五位的地区依次为兰州市、天水市、武威市、酒泉市、庆阳市，同比分别增长 18.41%、8.6%、20.17%、55.3%、22.06%；旅游花费前五位的城市依次为兰州市、武威市、天水市、酒泉市、庆阳市，同比分别增长 45.24%、90.4%、8.15%、24.27%、17.2%。③

3. 宁夏回族自治区

截至 2023 年底，宁夏回族自治区全区累计接待国内游客 7004.11 万人次，实现国内旅游收入 651.45 亿元，同比分别增长 80.40%和 114.10%。其中，银川

---

① 4.5 亿人次！2024 年甘肃文旅行业游客接待量再创新高［EB/OL］.（2025-01-21）［2025-02-28］.新华网，http://gs.news.cn/20250121/ea8b578024714c1489f66a463c912685/c.html.

② 国庆假期甘肃省共接待游客 2621 万人次 旅游花费 160.8 亿元［EB/OL］.（2024-10-08）［2025-02-28］.甘肃卫视，https://mp.weixin.qq.com/s/pH6W4WmgkwAUORsjNcWciA.

③ 春节假期甘肃各地文化活动丰富多彩 文旅市场迎来开门红［EB/OL］.（2025-02-06）［2025-02-28］.甘肃省文化和旅游厅，https://www.mct.gov.cn/wlbphone/wlbydd/xxfb/qglb/qg/202502/t20250206_958243.html.

市接待国内游客 4199.20 万人次，实现国内旅游收入 376.99 亿元，同比分别增长 104.61% 和 181.06%；石嘴山市接待国内游客 796.61 万人次，实现国内旅游收入 39.85 亿元，同比分别增长 53.61% 和 20.79%；吴忠市接待国内游客 1373.41 万人次，实现国内旅游收入 80.30 亿元，同比分别增长 68.57% 和 61.60%；固原市接待国内游客 1453.36 万人次，实现国内旅游收入 65.93 亿元，同比分别增长 72.91% 和 91.55%；中卫市接待国内游客 1502.72 万人次，实现国内旅游收入 88.38 亿元，同比分别增长 68.81% 和 66.60%。①

2024 年宁夏围绕"推动文旅高质量发展"全力构建"一轴一廊一核三区"全域发展新格局，文旅产业实现全面提质升级，共获得 35 项国家级以上表彰荣誉和品牌创建。经初步预测，2024 年宁夏接待国内游客约 8000 万人次，旅游花费约 725 亿元，同比分别增长 14.2% 和 11.3%，顺利完成"双 10%"增长目标。②

宁夏回族自治区文化和旅游厅公布的数据显示，2024 年五一国际劳动节假期间，全区累计接待国内游客 561.58 万人次，旅游花费 31.64 亿元，同比分别增长 17.28% 和 4.22%。其中，全区 A 级景区接待游客 355.33 万人次，旅游花费 1.54 亿元。国庆假期期间，全区 A 级景区接待游客 408.11 万人次，旅游花费 2.11 亿元，同比分别增长 30.39% 和 31.68%。宁夏文旅促消费政策与假日旅游叠加效应助推假日经济更加"红火"。

4. 青海省

2024 年，青海省全省文化和旅游（文物）系统聚焦打造国际生态旅游目的地，坚持生态优先、绿色发展，文化事业繁荣发展，产业发展提质增效，市场监管有力有效，文旅品牌越来越响，国际生态旅游目的地建设提速提效，全力推动文化和旅游深度融合高质量发展。2024 年，青海省全省累计接待游客 5378.3 万人次、旅游总收入 516.59 亿元，均同比增长 20% 以上。持续发放消费券 426.63

① 2023 年文化和旅游统计公报［EB/OL］.（2024-12-04）［2025-02-28］. 宁夏回族自治区文化和旅游厅，https：//whhlyt.nx.gov.cn/zwgk/fdzdgknr/tjxx/202412/t20241204_4748506.html.

② 宁夏全年数据公布，约 8000 万人次，725 亿元！［EB/OL］.（2025-01-10）［2025-02-28］. 银川晚报，https：//mp.weixin.qq.com/s/dG0EmK3wDYLihrWBpaSLDg.

万元，直接拉动消费 1665.75 万元，间接带动消费 1.17 亿元。① 其中，在 2024 年国庆期间，青海省围绕庆祝中华人民共和国成立 75 周年，策划推出五条红色旅游精品线路，开展文化活动 375 场次，惠及群众 51.64 万人次。"十一"假期累计接待游客 288.2 万人次，实现旅游收入 27.6 亿元，同比分别增长 26.8% 和 29.3%。②

青海省文化和旅游厅公开数据显示，在 2025 年春节期间，青海省累计接待游客 226.41 万人次，旅游收入 30.21 亿元，按可比口径测算，同比分别增长 4.05% 和 3.1%。逛庙会、赶大集、赏非遗等民俗文化体验，成为假日期间群众的首选。同时，青海省文化和旅游厅通过云闪付、美团等平台，发放涵盖旅游景区、旅游线路、星级酒店、文旅产品等文旅消费券 106 万元，直接拉动消费 422.8 万元，间接带动消费 3000 万元，持续激发文旅市场消费潜力和活力。

5. 新疆维吾尔自治区

在 2025 年新疆维吾尔自治区文化和旅游工作会议上，通报了 2024 年新疆文化和旅游工作的成绩单："2024 年新疆接待游客 3.02 亿人次，同比增长 14%，游客总花费 3595.42 亿元，同比增长 21%，各项指标创历史新高，旅游热度排名全国第二。"根据阿克苏文旅之声（阿克苏地区文化体育广播电视和旅游局公众号）发布的《3.02 亿人次！2024 年新疆旅游热度爆表》一文，2024 年新疆文旅融合提质加速，自驾游、冰雪游、特种游进入全国"第一方阵"。新疆现有滑雪场 101 个，国家级滑雪旅游度假地 5 个，数量均位列全国第一，"独库公路、盘龙古道、S101、G219、阿禾公路、博斯腾湖环湖公路"等成为备受追捧的"网红公路"。③

2025 年 1 月 28 日至 2 月 4 日，新疆维吾尔自治区全区累计接待游客 794.25 万人次，同比增长 10.04%，游客花费 80.75 亿元，同比增长 9.35%。2 月 4 日，携程发布的《2025 年春节旅游总结报告》显示，新疆旅游景区门票订单量同比

---

① 2024 年青海省旅游总收入 516.59 亿元［EB/OL］．（2025-02-16）［2025-02-28］．西海都市报，http：//www.qinghai.gov.cn/dmqh/system/2025/02/16/030065339.shtml.

② 倪晓颖．国庆假期青海实现旅游收入 27.6 亿元［EB/OL］．（2024-10-09）［2025-02-28］．青海日报，https：//mp.weixin.qq.com/s/eyeHwWbZwH1obiNdBz9Pcg.

③ 3.02 亿人次！2024 年新疆旅游热度爆表［EB/OL］．（2025-02-12）［2025-02-28］．阿克苏文旅之声，https：//mp.weixin.qq.com/s/vra4QiyPAHrKasNSGwoBLQ.

增长 60%，入境游订单量同比增长 58%。乌鲁木齐以其丰富的冰雪资源和独特的文化魅力吸引了大量国内外游客，上榜冰雪旅游热门目的地前三。美团旅行数据显示，春节假期前五日，新疆热门景点为：赛里木湖风景名胜区、乌鲁木齐白云国际滑雪场度假区、乌鲁木齐丝绸之路山地度假区、阿勒泰市将军山国际滑雪度假区、天山天池景区、博斯腾湖大河口景区、喀纳斯景区、天山天池国际滑雪场、新疆库车大峡谷国家地质公园、阜康市五江温泉城。"赛里木湖门票"搜索量同比上涨 523%。①②

6. 内蒙古自治区

根据内蒙古自治区文化和旅游厅公布的数据③④可知，2024 春节假期内蒙古自治区全区接待国内游客 3140.55 万人次，是 2023 年的 5.76 倍，是 2019 年的 5.11 倍；实现旅游收入 221.22 亿元，是 2023 年的 7.63 倍，是 2019 年的 6.46 倍。其中接待一日游游客 1808.12 万人次，占比 57.57%；接待过夜游游客 1332.43 万人次，占比 42.43%。

根据国内游客抽样调查、通信运营商数据综合测算，2024 年春节假期第八天，全区接待国内游客 310.00 万人次，实现旅游收入 20.14 亿元。其中接待一日游游客 178.48 万人次，占比 57.57%；接待过夜游游客 131.52 万人次，占比 42.43%。

而 2025 年春节假期八天，全区接待国内游客 3058 万人次，实现国内游客总花费 217 亿元，其中接待一日游游客 1868 万人次，接待过夜游游客 1190 万人次。

---

① 3 亿人之后，新疆旅游如何更上层楼［EB/OL］．（2025-03-03）［2025-03-28］．新疆维吾尔自治区文化和旅游厅，https：//wlt. xinjiang. gov. cn/wlt/tjxx/202503/85bef7ebc7994aadac6643c354155088. shtml.

② 新疆上榜全国滑雪热度最高地区 TOP5［EB/OL］．（2025-02-05）［2025-02-28］．新疆维吾尔自治区人民政府，https：//www. xinjiang. gov. cn/xinjiang/dzdt/202502/25f01bcfdf0b415ab095416528a7ee10. shtml.

③ 内蒙古春节假期接待国内游客 3140.55 万人次［EB/OL］．（2024-02-19）［2025-02-28］．内蒙古自治区文化和旅游厅，https：//wlt. nmg. gov. cn/zfxxgk/zfxxglzl/fdzdgknr/tjxx01/202402/t20240226_2471895. html.

④ 2025 年内蒙古春节假期游客多消费旺年味浓［EB/OL］．（2025-02-05）［2025-02-28］．内蒙古自治区文化和旅游厅，https：//wlt. nmg. gov. cn/zfxxgk/zfxxglzl/fdzdgknr/tjxx01/202502/t20250220_2669777. html.

三、西南地区旅游业发展现状

西南地区包括重庆市、四川省、贵州省、云南省、西藏自治区和广西壮族自治区。

1. 重庆市

2024 年国庆假期，重庆市全市共接待国内游客 2268.35 万人次，同比增长 14.1%；游客花费 154.02 亿元，同比增长 15.8%；入境过夜游客同比增长 140.4%。截至 2024 年 10 月 7 日 18 点，130 家纳入监测统计的旅游景区国庆假期累计接待游客 846.12 万人次，按可比口径增长 13.1%。其中，主城区洪崖洞景区游客达到 103.1 万人次，磁器口古镇游客有 86.5 万人次。①

随着 2025 年乙巳蛇年央视总台春晚重庆分会场的惊艳亮相，再次掀起了 "重庆旅游热"。春节期间，重庆整合全市文旅资源举办 "欢欢喜喜过大年" "新春惠民演出季" 等文化旅游消费惠民活动 2000 余场次，推出文旅消费券发放、景区门票减免、娱乐演艺优惠等消费惠民举措，惠民金额近 1 亿元，开展美食惠民消费活动近 30 场，吸引了超 3000 万游客前来观光游览，共度佳节。据重庆市文化和旅游数据中心测算，春节假日期间，重庆市全市累计接待国内游客 3316.16 万人次，同比增长 10.5%；游客花费 261.62 亿元，同比增长 11.5%。重点监测的 130 家景区共接待游客 1189.3 万人次，其中接待游客数量排名前五的景区依次为：洪崖洞民俗风貌区（131.07 万人次）、磁器口古镇（128.45 万人次）、武隆喀斯特旅游区（68.68 万人次）、美心红酒小镇（51.95 万人次）、重庆动物园（32.2 万人次）。央视总台春晚分会场亮相的大足石刻的观看人数达 12.45 万人次，单日购票游客突破 1.8 万人。根据重庆市智慧广电云提供的数据来看，重庆春节期间的住宿人数较往年都有提升，这与 "央视春晚重庆分会场" 的惊艳亮相不无关系。

① 圆满收官！2024 年国庆假期，全市共接待国内游客 2268.35 万人次 ［EB/OL］．（2024-10-07）［2025-02-28］．重庆市文化和旅游发展委员会，https：//mp.weixin.qq.com/s/to_GoFLCTylj4wFpbl1VyA.

2. 四川省

2024 年国庆期间，据第三方大数据综合测算①，四川省全省共接待游客 5531.80 万人次，实现旅游消费总额 348.37 亿元，按可比口径计算，同比分别增长 11.09%和 9.48%。四川省全省纳入统计的 890 家 A 级旅游景区，共接待游客 3987.31 万人次，实现门票收入 4.18 亿元，同比分别增长 21.21%和 7.73%。四川省全省图书馆、文化馆、博物馆共接待群众 621.65 万人次，同比增长 12.31%。全省核心旅游景区"状态拉满"，17 家 5A 级景区累计接待游客 426.93 万人次，实现门票收入 1.85 亿元，同比分别增长 25.06%和 15.48%，超越假日历史最高水平。

2025 年，"川味"十足的《哪吒之魔童闹海》火爆全球，再加之《驻站》《白色橄榄树》等"四川造"影视作品的热播，掀起了一股"跟着影视去旅行"的热潮。成都影视城打造"西部数字影都"，吸引《太空冬眠》《三体 2》等剧组入驻，拍摄基地同步升级为旅游体验区。三星堆博物馆联动影视创作，推出"古蜀文明探秘"主题线路，游客可化身"考古队员"参与沉浸式剧本游。四川省积极抓住"文旅+影视"的热潮，正将影视 IP 与旅游场景深度绑定。

3. 贵州省

据贵州省文化和旅游厅发布的消息②③，2024 年前三季度贵州旅游接待总人数同比增长 11.0%，旅游总收入同比增长 14.8%，接待入境过夜游客增长 58.2%。携程数据显示，2024 年贵州入境游订单同比增长超一倍。"黄小西吃晚饭"（黄果树、小七孔、西江苗寨、赤水丹霞、万峰林和梵净山）中提到的六大 AAAAA 级景区中，万峰林景区订单同比增速超过 100%，梵净山同比增长 88%，游客变成推荐官，在各大社交平台发布贵州旅游、美食攻略。

其中，2024 年暑假期间，贵阳包车游热度久居不下。2024 年 8 月 26 日携程

---

① 四川省文旅厅.2024 年国庆假期四川省文化和旅游市场情况综述［EB/OL］.（2024-10-08）［2025-02-28］.四川省文化和旅游发展研究中心，https：//mp.weixin.qq.com/s/5YAr1e0v0QA7MScbDza-bw.

② 促消费拓市场，贵州加快建设世界级旅游目的地［EB/OL］.（2024-12-25）［2025-02-28］.贵州省文化和旅游厅，https：//mp.weixin.qq.com/s/q4G8uyWch6k1jxOAdRmPkw.

③ 王婧玲.贵州旅游的"今年之获"与"来年之盼"［EB/OL］.（2024-12-31）［2025-02-28］.动静贵州，https：//mp.weixin.qq.com/s/rnEFVaFbOOQjQ6zXxXJfqA.

发布的《2024 年暑期包车游报告》显示①，贵阳包车游热度居全国第一，六盘水则上榜热度飙升的包车游小城前五名，暑期热度上涨 198%。2024 年暑假期间，携程包车游整体订单量同比上涨 30%，较 2019 年上涨近三倍；其中，国内包车游订单量同比增长近 20%，出境包车游同比增长 55%。携程数据显示，暑期国内热门包车游目的地 Top 1 就是贵阳。贵阳暑期订单量达历史峰值，同比 2023 年上升 20%，同比 2019 年上升 650%。

4. 云南省

2024 年 10 月 8 日，云南国庆假日旅游成绩单出炉。云南省全省旅游花费达 472.4 亿元，按可比口径增长 8.9%。全省 189 家 AAAA 级以上旅游景区累计接待游客 899.27 万人次，按可比口径增长 9.91%。其中，纳入重点监测的 45 家 A 级景区共接待游客 343.79 万人次，按可比口径增长 14.92%。"有一种叫云南的生活——文旅志愿行"活动在全省发布并开展文旅志愿服务项目 1706 个，参与志愿服务 2.4 万人，服务时长 11.1 万小时，惠及 198 万名游客。②

"旅居云南"依托广大乡村，满足不同人群需要，帮助盘活农民和农村闲置房产资源。兼顾各方利益，完善服务功能，提升人居环境，加强基层治理，吸引更多外地客人到云南乡村居住生活。随着《去有风的地方》电视剧的热播，云南成为越来越多人旅居的首选地。目前，游客大多因为"乡村旅居""城镇旅居""体育旅居""度假旅居""医养旅居""养老旅居""文艺旅居""边境幸福旅居"，前来云南旅居。

5. 西藏自治区

2024 年以来，西藏自治区坚持"以文塑旅、以旅彰文"的发展理念，为推动文旅融合工作召开了全区文化旅游产业发展大会，出台了《中共西藏自治区委员会 西藏自治区人民政府关于推进文化旅游产业高质量发展的意见》，为文旅融合提供政策支撑。启动"冬游西藏"活动，申报和落实文物保护专项资金，加强文物保护和安全管理工作，确保文化遗产得到妥善保护和传承。西藏自治区文

---

① 《2024 暑期包车游报告》出炉，贵阳包车游热度全国第一 [EB/OL]. (2024-08-29) [2025-02-28]. 贵州省文化和旅游厅，https：//whhly. guizhou. gov. cn/xwzx/wldt/202408/t20240829_85499518. html.

② 899.27 万人次、472.4 亿元！云南国庆假期旅游相关数据再创新高 [EB/OL]. (2024-10-09) [2025-02-28]. 云南省文化和旅游厅，https：//dct. yn. gov. cn/html/2410/09_36660. shtml.

化和旅游厅提供的数据显示，2024 年，西藏自治区全区累计接待国内外游客 6389.102 万人次，同比增长 15.81%；实现旅游总花费 745.93 亿元，同比增长 14.5%。

6. 广西壮族自治区

据广西旅游抽样调查统计测算结果，2024 年上半年全区接待国内游客 4.82 亿人次，同比增长 14.1%；国内旅游花费 5010.87 亿元，同比增长 17.7%。其中，2024 年一季度全区接待国内游客 2.37 亿人次，同比增长 20.2%；国内旅游花费 2581.76 亿元，同比增长 23.9%。①

根据 2025 年广西春节假期旅游市场分析报告，2025 年春节假期（1 月 28 日至 2 月 4 日）全区各市累计接待游客 5947.85 万人次，同比增长 13.3%；实现国内旅游花费 475.11 亿元，同比增长 14.1%。②

四、西部地区发展旅游业面临的问题和困难

西部地区发展旅游业面临的问题和困难如下：

1. 基础设施建设滞后

（1）交通瓶颈限制。地域广袤的西部地区赋予了千姿百态、各有差异的自然景观，但同时因地形复杂、地域辽阔，西部地区出现交通设施落后、各景区之间相距较远的情况。尤其是西部偏远地区，交通不便极大地限制了游客的到达和流动。

西藏自治区是中国最后一个通铁路的省级行政区，直到 2006 年青藏铁路通车才结束了西藏不通铁路的历史。然而，尽管青藏铁路的开通极大地改善了西藏的交通条件，但西藏的公路网络仍然不够完善，许多景点之间的交通仍然不便，影响了游客的旅游体验。

而在面积达 166.49 万平方千米、各景区之间距离较远的新疆，交通基础设施的重要性越发显著。乘坐火车长途旅行极大地消耗了游客的时间和精力，降低

---

① 2024 年上半年旅游主要指标数据通报［EB/OL］. （2024-10-10）［2025-02-28］. 广西壮族自治区文化和旅游厅, http：//wlt. gxzf. gov. cn/zfxxgk/fdzdgknr/sjfb/zbsjt/t19081177. shtml.

② 广西春节旅游成绩单出炉！哪个市最"吸金"？［EB/OL］. （2025-02-09）［2025-02-28］. 广西头条 NEWS, https：//mp. weixin. qq. com/s/-HRvmuACua9bSW5cPLcYqA.

了旅途中的便捷性和舒适度。虽然近年来西部地区在交通建设方面投入巨大，高铁、高速公路不断延伸，但整体交通网络密度仍远低于东部地区。部分偏远景区甚至缺乏直达的公共交通，游客只能依靠自驾或包车前往，在一定程度上限制了游客的可进入性，尤其是对于自由行游客和没有自驾能力的人群而言，出行困难成为阻碍其前往西部地区旅游的重要因素。

四川省的九寨沟景区是中国著名的自然风景区，每年吸引着大量游客。然而，九寨沟地处偏远，交通不便，尤其是 2017 年九寨沟地震后，景区内的交通设施受到严重破坏，导致游客数量大幅下降。尽管近年来九寨沟的交通条件有所改善，但仍需进一步加大交通基础设施的建设力度，以提升游客的旅游体验。

（2）住宿餐饮设施不健全。尤其是在旅游旺季，住宿餐饮设施不健全和游客众多的矛盾越发凸显，且在某些景点，住宿、餐饮条件参差不齐，因供不应求，"偷工减料""肆意提高价格"等恶劣行径时有发生。

青海湖是中国最大的内陆咸水湖，每年吸引大量游客。然而，青海湖周边的住宿和餐饮设施相对不足，尤其是在旅游旺季时酒店价格大幅上涨，且一些普通旅馆设施陈旧，卫生条件欠佳。在餐饮方面，虽然当地特色美食丰富，但菜品单一，难以满足不同游客的口味需求。部分景区周边餐饮场所卫生标准不高，服务质量也有待提升，这在一定程度上影响了游客的旅游体验。此外，高端住宿和特色主题住宿的供给不足，无法满足对品质旅游有较高要求的游客群体。

云南省的丽江古城是中国著名的旅游目的地，也是不少游客心驰神往的"远方"。然而，在旅游旺季，游客往往面临住宿难、餐饮贵的问题，在一定程度上影响了游客的旅游体验。

（3）旅游服务设施短缺。西部地区部分景区的游客服务中心功能不健全，主要表现为缺乏专业的旅游咨询人员，无法为游客提供全面、准确的旅游信息，景区标识不清晰，影响游客满意度，等等。

九寨沟景区作为世界自然遗产，每年吸引大量游客慕名而来。九寨沟景区管理部门数据显示，2023 年九寨沟景区共接待游客超 300 万人次，旅游旺季时，单日游客接待量峰值可达 2.3 万人次（2024 年 11 月 16 日至 2025 年 3 月 31 日执行的淡季日承载量为 2.3 万人次，旺季承载量通常更高）。但对于游客咨询的景区内不同季节最佳观赏路线、特色景点开放时间等问题，因工作人员专业培训不足，近30%的问题无法给予清晰解答。同时，服务中心内宣传资料更新滞后，部分新开发的观景区域及相关安全提示未能及时在宣传册中体现，影响游客游览体验。而在四川峨眉山旅游景区对于部分游客的体验满意度调查分析中可以看到，在景区秩序维护、人员管理等方面仍存在不足。

与此同时，景区内标识系统混乱也是一大难题。云南的玉龙雪山景区，其面积广阔且景点分散，但景区内部分标识牌位置设置不合理，部分路段标识牌间隔超过两千米，导致游客在徒步过程中极易迷失方向。据景区管理部门统计，仅在2023年国庆期间，因标识不清导致游客迷路并求助景区救援的事件就达30余起。在一些复杂地形区域，如登山步道交叉处，标识牌指示模糊，不同颜色、形状的标识牌所代表的含义未向游客清晰说明，使超35%的游客在这些区域产生困惑，影响游览体验。

2. 生态环境保护压力大

（1）生态环境脆弱。西部地区生态环境脆弱，主要表现为生态系统稳定性差、抗干扰能力弱。据统计，全国水土流失总面积达360多万平方千米，西部地区占全国水土流失总面积的80%。以青海湖为例，由于气候变化和人类活动的影响，湖区面积不断缩小，生态环境持续恶化。据文献记载，青海湖1908年水体面积4800平方千米，水位海拔3205米；到了2004年，面积4186平方千米，水位海拔3192.77米。[①] 近年来虽有所恢复，但仍面临严峻挑战。

此外，西部地区生物多样性也面临严重威胁。以四川省为例，根据四川省林业和草原局的统计，全省有高等植物1万余种，脊椎动物近1300种，其中许多为特有物种。然而，由于栖息地破坏和人类活动干扰，部分物种濒临灭绝。例如大熊猫，尽管保护力度不断加大，但其栖息地仍面临破碎化的风险。

（2）环境保护与开发矛盾凸显。一方面，旅游业发展需要良好的生态环境作为支撑；另一方面，旅游开发又可能对生态环境造成破坏。九寨沟景区在旅游旺季时，日接待游客量常常超过环境承载能力，导致水质下降、植被破坏等问题。根据九寨沟管理局的数据，2017年九寨沟地震前，"童话世界"九寨沟日游

① 青海湖：生态与旅游比翼齐飞 ［EB/OL］.（2019-11-14）［2025-02-28］.青海生态环境，https://mp.weixin.qq.com/s/jmU_frafueVrTSyskZMglQ.

客人数超过 4 万人，逼近景区的最大承载量。

随着旅游业的发展，云南省洱海周边酒店、客栈数量激增，污水排放量大幅增加，导致洱海水质恶化。根据云南省生态环境厅的监测数据，2016 年洱海部分水域水质降至Ⅳ类，富营养化问题突出。尽管近年来采取了严格的治理措施，但环境保护与旅游开发之间的矛盾仍然存在。

（3）文化遗产保护面临挑战。西部地区拥有众多珍贵的历史文化遗迹和独特的民族文化遗产，但在旅游开发过程中，一些文化遗产遭到破坏或商业化过度。例如，随着游客数量的激增，丽江古城原有的文化氛围逐渐淡化，传统建筑被改造成商业店铺，文化遗产的原真性受到威胁。根据丽江市文化和旅游局的数据，2024 年 7 月以来，丽江游客持续增长，玉龙雪山索道票一票难求，最高日接待游客量超过 3 万人次，再创新高；丽江古城日接待游客量约 30 万人次；丽江千古情景区日均接待游客约 5 万人次，每天开演场次达 8 场，是其他时间演出场次的两倍。暑期旅游火爆状态一直持续到 8 月底，过度商业化问题日益严重。

敦煌莫高窟作为世界文化遗产，同样面临着游客数量过多、洞窟微环境变化等挑战。根据敦煌研究院的数据，常住人口仅 18 万人的敦煌市，2023 年莫高窟接待游客量竟达到了 1683 万人次，部分洞窟的二氧化碳浓度和湿度经常超过安全阈值，对壁画保护构成威胁。尽管采取了预约制等限流措施，但如何在保护与开放之间找到平衡仍是一个长期挑战。

3. 旅游市场开发不足

（1）客源结构单一。西部地区旅游客源主要依赖国内市场，入境游客占比相对较少。以宁夏为例，从 2023 年 1～10 月数据来看，宁夏累计接待国内游客 6566.92 万人次，实现旅游收入 597.62 亿元，同比分别增长 104.76% 和 111.00%。经初步预测，2024 年宁夏接待国内游客约 8000 万人次。与之相比，入境游客数量占比极低，且宁夏积极推动入境旅游支付服务便利化工作等举措，也从侧面反映出其入境旅游市场还有较大提升空间。新疆的情况类似，新疆维吾尔自治区文化和旅游厅数据显示，截至 2024 年 12 月 25 日，新疆接待国内外游客 3 亿人次，同比增长约 14%；实现旅游总收入 3552 亿元，同比增长约 21%。此外，新疆在 2024 年接待的入境游客数量也有显著增长，达到了 476.58 万人次，同比增长 50.51%；国际旅游收入为 40.81 亿美元，同比增长 174.33%。即便 2024 年入境游客数量有较大幅度增长，但从整体接待人次来看，入境游客占比依然不高。

造成这种客源结构单一的原因主要在于西部地区国际知名度相对较低。在国际旅游展销会上，如世界旅游交易会（WTM）、柏林国际旅游展（ITB）等全球知名展会中，西部地区参展的旅游企业数量相对较少，宣传力度远不及东部地区以及国际知名旅游目的地。以青海为例，其国际航线数量有限，仅有少量直飞周边国家的航班，如西宁至曼谷的航线均为中转航班，对于欧美等远程国际游客而言，中转次数多、飞行时间长，极大增加了旅行成本和时间成本，也会在一定程度上降低西部地区对国际游客的吸引力。[1][2][3]

（2）产品同质化严重。以丝绸之路旅游线路为例，沿线各省份的旅游线路设计大同小异，缺乏特色和创新。根据文化和旅游部的数据，2019 年丝绸之路沿线省份的旅游线路相似度高达 70% 以上，导致游客在选择时缺乏明确的方向和兴趣点。除了旅游线路相似、重合，西部地区旅游产品的同质化还体现在旅游项目方面。以草原景区为例，内蒙古、新疆、青海等地的草原景区大多以骑马、射箭、篝火晚会等传统项目为主。在小红书、抖音等 App 上搜索"新疆草原景区"，其景点路线大多集中于"喀纳斯环线""伊犁环线""北疆大环线""南北疆大环线""阿勒泰环线"等，游玩景点、游玩路线大同小异。

西部地区旅游产品大多围绕当地自然和文化资源开发，但在产品设计和开发过程中，缺乏创新意识，导致旅游产品同质化现象较为突出。在旅游纪念品方面，许多景区的旅游纪念品千篇一律，缺乏地域特色和文化内涵。在小红书搜索云南纪念品可以看到大多都为"扎染""鲜花饼""冰箱贴""明信片""玩偶"等，而这些在线下实际旅游时更是数不胜数，且大多数样貌、质量一致。旅拍通过融合旅行与拍摄，体验不一样的风土人情，但现阶段云南旅拍大多集中于"藏族公主""苗家阿妹""古国公主"，造成妆面千篇一律、妆造大同小异的情况。

① 于晶. 2024 年宁夏接待国内游客约 8000 万人次 旅游花费约 725 亿元 [EB/OL]. （2025-01-10）[2025-02-28]. 中国新闻网，https：//www.chinanews.cn/cj/2025/01-10/10351059.shtml.

② 2023 年宁夏旅游收入约 600 亿元 吸引约 7000 万人次游客 [EB/OL]. （2024-01-07）[2025-02-28]. 宁夏旅游广播，https：//mp.weixin.qq.com/s/-4WCCaDd0GGzAd74KdXFgQ.

③ 张瑜. 新疆今年接待游客突破 3 亿人次 [EB/OL]. （2024-12-26）[2025-02-28]. 新华网，https：//www.news.cn/local/20241226/8d096fe012c346ddbcaa434c4c8297eb/c.html.

（3）宣传效果不佳。在社交媒体时代，游客获取旅游信息的渠道发生了巨大变化。相关调查数据显示，超 80% 的游客在计划旅游行程前会通过社交媒体平台（如抖音、小红书、微博等）获取旅游信息。然而，西部地区部分景区未能及时跟上这一趋势，在网络平台上的宣传推广力度不够，缺乏与游客的互动交流。例如，稻城亚丁景区在小红书上的官方账号截至查看时仅有 50 个"粉丝"，只发布了两条视频，点赞、收藏和评论加起来仅有 10 个，且唯一的评论还是吐槽景区的基础设施不健全，但官方并未做出回应。稻城亚丁景区的抖音账号"粉丝"有 2.5 万人，但就查看时发布的 38 个视频、图文来讲，视频流量并不好，点赞数最高为 2.2 万个，最低为 17 个，且在评论区留言反馈一概不回复，官方缺乏与游客的线上互动。尤其是在 2024 年 9 月 21 日的《关于网友反映"AAAAA 级景区因环保禁止泡面"调查情况的通报》的评论区里，官方也没有做到及时安抚大众情绪。在微博里，稻城亚丁景区的官方账号自 2024 年 11 月 15 日起就停止了更新，其所发布的 1747 条微博里，评论量极少，且在仅有的咨询类评论里也并未做出回应。

在各地景区都在"卷"服务、"卷"回应、"卷"更新的当下，个别景区的网络知名度和影响力低，且不更新有效视频，不回应游客诉求，实在是难以吸引更多潜在游客。一方面，景区需要抓紧提升服务意识，端正服务态度，积极回应游客关切，积极解决游客难题，提升游客的体验感；另一方面，总体来看，西部地区景区在网络营销方面缺乏专业的运营团队，对网络平台的传播规律和用户喜好研究不足，具有吸引力和传播力的宣传内容不多，使景区在网络上的曝光度变低，从而难以在众多旅游目的地中脱颖而出。

4. 产业发展模式局限

（1）过度依赖资源。西部地区凭借丰富的自然与人文旅游资源，成为旅游业发展的重要依托。然而，当前西部地区旅游业发展模式多以资源驱动型为主，对资源存在过度依赖问题。以九寨沟景区为例，其以独特的自然风光，如澄澈的湖水、绚丽的瀑布、奇妙的喀斯特地貌等，吸引了大量游客。据四川省人民政府网站消息，2023 年九寨沟县接待游客超过 700 万人次，全县实现旅游收入 72 亿元。另据中国网消息，2023 年九寨沟景区全年接待游客已突破 400 万人次，达

4007279 人次，同比增长 268. 15%。①②

但这种发展模式在一定程度上制约了景区的可持续发展。一方面，过度依赖资源易导致对资源的过度开发与不合理利用。随着游客数量持续增加，为满足游客需求，景区内旅游设施建设不断扩张。例如，在景区周边兴建了大量酒店、餐馆等商业设施，部分设施建设缺乏科学规划，对景区生态环境造成破坏。相关研究机构监测显示，景区周边部分区域植被覆盖率在过去几年有所下降，水土流失风险增加。另一方面，一旦资源吸引力下降或遭受不可抗力因素影响，旅游业发展将遭受巨大冲击。2017 年，九寨沟景区发生地震，景区部分景观严重受损，震后一段时间内，景区被迫关闭，旅游收入锐减为零。虽经几年恢复重建，景区逐步开放，但游客接待量和旅游收入仍未完全恢复至震前水平。2017 年之前，景区年游客接待量稳定在 500 万人次以上，旅游收入颇为可观，而 2018~2019 年，游客接待量大幅下降，2018 年接待游客仅 100 余万人次，旅游收入也随之大幅缩水。

（2）产业融合度低。西部地区旅游产业与其他产业的融合尚处于初级阶段，融合程度较低。旅游与文化、体育、农业等产业的协同发展不够紧密，未能充分发挥产业融合带来的乘数效应。以旅游与文化产业融合为例，西部地区拥有丰富的民族文化资源，但在旅游产品开发中，未能充分融入文化元素。例如，在贵州的一些少数民族聚居地区，虽拥有独特的民族文化，像苗族的刺绣、侗族的大歌等，但在旅游产品开发时，只是简单地将这些文化元素作为展示品，缺乏深度挖掘与创新利用。多数旅游景区的文化展示形式单一，主要为静态展览和表演，游客参与度低，难以给游客留下深刻印象。这些少数民族聚居地区的旅游收入中，文化旅游产品带来的收入占比远低于国内一些文化旅游融合发展较好地区的水平。

在云南的丽江古城，虽然古城承载着深厚的纳西族文化，但旅游产品多集中在传统的观光游览、购买纪念品等方面。纳西族的东巴文化，如东巴文字、东巴仪式等，没有很好地融入旅游体验项目中。游客在古城内很难参与到深度体验东巴文化的活动，导致旅游产品缺乏独特性和吸引力，难以提高游客的停留时间和

---

① 董世梅，徐中成，宁蕖，等. 如今的九寨沟，已不是"以沟为主"的九寨沟，而是升级版的"大九寨" 打造不只有九寨沟的九寨沟 [EB/OL]. （2024-06-12）[2025-02-28]. 四川省人民政府，https：//www. sc. gov. cn/10462/10464/10797/2024/6/12/1c8c6c39ace049408647a71b0272d941. shtml.

② 九寨沟景区今年接待游客已突破 400 万人次 [EB/OL]. （2023-11-03）[2025-02-28]. 中国新闻网，https：//www. chinanews. com. cn/tp/2023/11-03/10105693. shtml.

消费金额。

陕西省宜君县拥有广阔的农田、药田等丰富的农业资源，但其与旅游资源的结合显得并不紧密。当前的旅游开发过程中，宜君县主要将当地农产品作为特色商品及旅游纪念品进行销售，未能深入探索和利用这些农业资源在文化旅游方面的潜力；缺乏将农耕文化作为一个核心元素来连接农业和旅游业的发展，致使农文旅融合发展尚未达到其应有的效果。另外，宜君县在农耕文化的挖掘和展示上缺乏深度和广度，未能充分展现当地农耕文化的独特魅力和历史价值。这不仅影响了游客对农耕文化的认知和体验，也制约了乡村旅游的文化内涵和吸引力。①

（3）旅游人才短缺。西部地区旅游业发展面临专业人才短缺问题。旅游规划、管理、营销、服务等方面的专业人才匮乏，制约了旅游业的高质量发展。由于西部地区经济发展水平相对较低，工作环境和待遇与东部地区存在差距，难以吸引和留住优秀的旅游人才。同时，当地旅游教育和培训体系不够完善，培养的旅游专业人才数量和质量难以满足市场需求。据统计，西部地区旅游相关专业每年的毕业生数量仅占全国旅游专业毕业生总数的 20% 左右，且部分毕业生在毕业后选择前往东部地区就业，进一步加剧了西部地区旅游人才短缺的问题。

宁夏的沙湖景区由于缺乏专业的旅游营销人才，在宣传推广上一直沿用传统方式，仅在周边城市的旅行社投放宣传资料，对于线上新媒体平台的利用严重不足。在如今短视频平台盛行，众多景区通过抖音、小红书等平台吸引大量游客的背景下，沙湖景区因营销手段落后，线上曝光量少，导致其在全国范围内的知名度增长缓慢，游客增量远低于预期。据景区管理部门统计，2023 年景区游客量的增长率仅为 5%，而同期一些善于利用新媒体营销的东部景区，游客量增长率普遍在 20% 以上。

在青海的茶卡盐湖景区，随着旅游热度的提升，景区亟须专业的旅游运营管理人才。但由于当地薪资待遇缺乏竞争力，难以吸引到具备丰富经验的运营管理人才。景区在旅游高峰时期，常常出现游客排队秩序混乱、景区内交通拥堵等问题。在 2024 年暑期旅游旺季，景区曾因缺乏有效的运营管理方案，导致游客在景区入口排队时间长达 3~4 小时，景区内观光小火车的乘坐秩序混乱，游客投

---

① 张英龙，董春晖. 宜君县域农文旅产业发展对策［J］. 农业产业化，2024（12）：13-15+52.

诉量大幅增加，严重影响了景区的口碑和游客体验。

第二节　东西部地区旅游业发展情况对比

本节从东西部地区旅游资源特色、经济发展水平、A 级旅游景区数量比较和建设现状、基础设施建设与服务能力、动漫产业发展现状、发展模式和文化特色等各方面对东西部地区旅游业的发展现状进行比较研究。

一、东西部地区旅游资源特色

东部地区的旅游资源以人文景观和都市旅游为特色，历史与现代交融。北京的故宫、颐和园、北海、天坛以及苏州、扬州的园林等历史文化遗产是中华文明的瑰宝，上海、广州、南京、杭州等现代大都市与发达的长三角城市群、珠三角城市群相结合，建设了一系列主题公园，如上海的迪士尼乐园，展现出现代化的都市景观与时尚。

西部地区的旅游资源以自然风光和民族文化为特色，自然与人文交融。青藏高原、九寨沟、三江源等原生态自然景观展现出大自然的博大和神奇，而丝绸之路遗迹、少数民族的歌舞乐与佛教文化的石刻等构成了极具特色的吸引力。东西部地区的旅游资源各自具有更大的价值和发展潜力，形成一种互补结构。

二、东西部地区经济发展水平

旅游出行与人均收入水平密切相关，人均收入又与人均 GDP 紧密相连。表 4-9 显示出东部九省市的人均 GDP 现状远高于西部 12 省区市的人均 GDP。这是区域旅游的重要经济基础。

东部地区比西部地区经济发达，东部地区的财政收入也远高于西部地区。文化和旅游事业费用占财政支出比重越高（见表 4-10），其对文旅业的支持力度也就越大。虽然宁夏和云南文化和旅游事业费用财政支出在全国位次很高，旅游业对当地很重要，但由于其经济实力不强，投入的文旅事业总费用分别为 130471

表 4-9 2024 年东西部地区人均 GDP 单位：元/人

东部地区	2024 年人均 GDP（元/人）	西部地区	2024 年人均 GDP（元/人）
北京	228167	新疆	78660
上海	217140	四川	77333
江苏	160694	西藏	75237
福建	137920	宁夏	75484
浙江	135565	云南	67612
天津	132143	青海	66568
广东	111146	贵州	58685
山东	97575	广西	57071
河北	64352	甘肃	52825
—	—	陕西	89915
—	—	内蒙古	110011
—	—	重庆	100903

资料来源：国家统计局。

万元和 512023 万元。东部地区的财政收入高于西部地区，是其文旅事业比西部地区更为发达的重要原因。

表 4-10 东西部地区 2022 年文化和旅游事业费用占财政支出比重

东部地区	比重	西部地区	比重
浙江	0.93	重庆	0.49
福建	0.68	甘肃	0.47
上海	0.66	四川	0.47
广东	0.61	西藏	0.46
北京	0.60	宁夏	0.82
江苏	0.58	青海	0.44
天津	0.45	陕西	0.42
山东	0.45	广西	0.39
河北	0.42	贵州	0.35
—	—	云南	0.76
—	—	内蒙古	0.60
—	—	新疆	0.53

资料来源：国家统计局。

三、东西部地区 A 级旅游景区数量比较

从 A 级景区建设的数量来看，西部地区的 A 级景区总量为 5458 个，东部地区为 4773 个，西部地区为东部地区的 114%，其中西部地区的 AAAAA 级景区数量为 109 个，东部地区为 95 个，西部地区是东部地区的 114%（见表 4-11）。从旅游资源数量和 A 级景区建设数量来看，西部地区多于东部地区。

表 4-11 东西部地区 A 级景区数量   单位：个

东部地区	数量	西部地区	数量
北京	215	内蒙古	428
天津	99	广西	685
河北	494	重庆	272
上海	135	四川	867
江苏	617	贵州	556
浙江	929	云南	562
福建	462	西藏	151
广东	618	陕西	540
山东	1204	青海	160
—	—	新疆	668
—	—	甘肃	436
—	—	宁夏	133
总量	4773	总量	5458

资料来源：国家统计局。

四、东西部地区 A 级旅游景区建设现状

2023 年的《中国统计年鉴》显示出：2022 年东部地区旅游接待人次为 11.41 亿，A 级景区门票收入为 129.41 亿元。西部地区旅游接待人次为 7.64 亿，A 级景区门票收入为 89.35 亿元。无论从旅游接待人次还是从门票收入来看，东部地区都远多于西部地区（见表 4-12）。旅游接待人数和门票收入是旅游业发展程度的主要指标。西部地区的旅游资源丰富，A 级景区和 AAAAA 级景区数量明

显多于东部。A 级景区和 AAAAA 级景区的品位高低、质量与旅游观光价值等，在全国有统一的标准。在质量和品位处于相同层次、数量又多于东部地区的情况下，西部地区的旅游接待人次和门票收入却远少于东部地区，这表明决定旅游业发达程度的因素是多方面的，旅游资源优势仅是其中的一方面，交通、住宿、餐饮、数字营销手段等都对旅游业发展有重要影响，而东部地区在交通等基础设施建设和数字经济发达程度等方面均优于西部地区。

表 4-12　2022 年东西部地区旅游景区接待人次和门票收入

地区	接待人次（亿）	门票（亿元）	地区	接待人次（亿）	门票（亿元）
北京	0.83	14.26	内蒙古	0.21	3.20
天津	0.38	3.14	广西	1.14	8.17
河北	0.42	4.88	重庆	0.88	11.58
上海	0.63	5.67	四川	1.90	23.21
江苏	2.59	18.02	贵州	0.73	5.86
浙江	2.42	36.24	云南	0.77	12.57
福建	0.82	8.65	西藏	0.03	0.41
广东	1.58	17.32	陕西	0.82	12.40
山东	1.74	21.23	甘肃	0.41	3.04
—	—	—	青海	0.17	2.92
—	—	—	宁夏	0.12	1.36
—	—	—	新疆	0.46	4.63
总计	11.41	129.41	总计	7.64	89.35

资料来源：《中国统计年鉴 2023》。

五、东西部地区旅游业基础设施建设与服务能力

旅游需要便捷的交通条件。东部地区建成了便捷的水陆空现代交通运输体系，高铁、高速公路和航空网络密集，1~3 小时内交通圈覆盖主要景区，极大地节约了游客的出行时间。东部地区的酒店、餐饮、娱乐设施等标准化程度高，智慧旅游系统如在线预定、在线搜索等普及，服务效率高。

西部地区受经济发展水平与地理环境双重影响，交通便捷度不如东部地区，地广人稀，地形复杂，公路、铁路、商业设施等覆盖度低，许多景区需依赖长途自驾或租用包车服务，时间与经济成本较高，许多偏远地区景区接待能力不足，环保型生态厕所尚未普及，智慧旅游系统尚未建成。基础设施建设差异与服务能力不足是西部旅游业现状落后于东部的主要原因。

六、东西部地区动漫产业发展比较

动漫产业在塑造旅游景区形象、扩大旅游景区影响与知名度、吸引游客、提供沉浸式旅游体验等方面发挥着重大作用，是数字旅游业建设的重要内容。表4-13则反映出东西部动漫产业发展的差异。2022年东部地区国家认定的动漫企业数、从业人数和营业总收入分别是250个、7695人和48.8亿元，西部地区分别是60个、1336人和8.14亿元。东部地区动漫企业数量、从业人数和营业总收入分别约是西部的4.16倍、5.76倍和6倍。这种差距从一个方面反映了东西部地区数字经济发展的差距。

表4-13　2022年东西部地区国家认定动漫企业情况

地区	企业数（个）	人数（人）	收入（亿元）	地区	企业数（人）	人数（人）	收入（亿元）
北京	31	1197	7.3	内蒙古	5	29	0.05
天津	11	310	2.3	广西	9	198	0.37
河北	15	626	1.2	重庆	6	319	1.3
山东	9	354	2.5	贵州	—	—	—
上海	25	712	5.7	云南	9	196	0.7
江苏	54	850	2.8	西藏	2	8	0.1
浙江	15	699	4.5	陕西	11	110	0.5
福建	31	1756	12.7	甘肃	6	55	0.02
广东	59	1191	9.8	青海	—	—	—
—	—	—	—	宁夏	5	80	0.2
—	—	—	—	新疆	4	38	0.1
—	—	—	—	四川	3	303	4.8
总量	250	7695	48.8	总量	60	1336	8.14

资料来源：《中国统计年鉴2023》。

七、东西部地区发展模式与文化特色差异

东部地区的旅游发展模式是以"市场驱动"为主，以市场需求为导向，"无中生有"地大胆创新。上海的迪士尼乐园和新天地项目就是在这种经营思想指导下发展起来的。在产业融合特色上，将餐饮、住宿、出行、娱乐、购物、休闲、会展、夜经济等融为一体，商业化特征明显，少数区域由于商业化过度，导致历史文化风貌淡化，这仅是美中不足之处。

西部地区的旅游发展模式是依托现有旅游优势资源，以资源为导向，更多依赖"政策与生态驱动"。在文化特色上强调"原真性与参与性"，例如游客能积极参与少数民族的各种民族节庆活动，达到深度互动。

从上述七方面比较分析东西部地区旅游业发展的差异，可见西部地区建设数字旅游支柱产业可以从东部地区借鉴到许多有益的经验。

第三节　西部地区发展数字旅游支柱
产业面临的挑战和机遇

一、西部地区发展数字旅游支柱产业面临的挑战

西部地区发展数字旅游支柱产业既存在许多现实中的困难和挑战，又面临着巨大的历史机遇。现实中各地区存在的问题虽有一些差异，但也有共同之处，其挑战普遍体现在下列方面：

1. 现代交通与配套设施建设滞后

西部地区面积广大，人口少，高速公路沿线普遍存在加油站、公共厕所、综合服务站等基础设施不足的问题，自驾游客逐年增多，面临加油难、如厕难、维修难的问题。若遇恶劣天气变化导致长时间堵车，将导致游客的食物供给短缺状况出现。

2. 旅游产品单一，仍以传统观光为主，缺乏深度体验项目

西部地区各民族的歌、舞、乐等国家级遗产虽然丰富，但因缺乏现代化的演出场所和声、光、电等配合，不能在 AAAAA 级景区固定演出，导致游客在旅游目的地停留天数较少，仅是观光路过，不能产生较大的经济价值。

3. 旅游缺少集中布局

现代旅游是观光、娱乐、购物、体验、餐饮、住宿、休闲、学习的复合型行为，需要在功能齐全的现代城镇中集中布局，满足不同文化层次、不同年龄的旅游团体需要。西部地区由于城镇化进程和市场化进程慢于东部地区，缺少集中布局，难以形成一定规模的综合性服务场所与旅游景区相配合。

4. 旅游景区法律制度和行政法规不健全

部分景区为追求短期效益而过度开发，导致水土流失，生态环境质量下降，形成"旅游公害"，这表明还缺乏系统的法律制度和行政法规对旅游开发与旅游行为进行约束。

5. 资金短缺与人才匮乏

西部地区旅游基础设施主要依赖政府投入，社会资本与外资参与度低，旅游业基础设施建设和旅游景区投入严重不足。同时，专业人才缺口较大，数字旅游规划、建设、营销、服务等领域的高素质人才缺乏，成为旅游业转型升级发展的短板。前述西部地区动漫产业从业人员少，就是专业人才匮乏的重要表现。

6. 入境旅游市场开发滞后

西部地区距离中东、中亚、欧洲和东南亚地区较近，但由于入境旅游产品缺乏国际竞争力，定制化、数字化服务不足，限制了入境游的较快发展。

二、西部地区发展数字旅游支柱产业面临的机遇

虽然西部地区在发展数字旅游支柱产业时存在上述问题和困难，但这些问题和困难是暂时的，是可以在发展中逐步改善并解决的。西部地区数字旅游支柱产业的建设也面临着巨大的机遇，这种机遇主要表现在下述方面：

1. 新时代西部大开发基础设施建设的机遇

2020 年，中共中央、国务院下发的《关于新时代推进西部大开发形成新格局的指导意见》明确要求：到 2035 年，西部地区基本实现社会主义现代化，基

本公共服务、基础设施通达程度、人民生活水平与东部地区大体相当。在上述文件的指引和约束下，西部地区的基础设施建设和公共服务能力一定会迈上新的台阶，促进西部旅游业的发展。

2. 新时代西部承接东部产业转移的机遇

2010年，《国务院关于中西部地区承接产业转移的指导意见》发布，要求西部地区要因地制宜承接发展特色优势产业。这些特色优势产业不但包括文化旅游等现代服务业，还包括电子信息等高新技术产业。2024年7月，中国共产党第二十届中央委员会第三次全体会议通过的《中共中央关于进一步全面深化改革　推进中国式现代化的决定》正式提出建设国家战略腹地和关键产业备份。同年9月，中共中央、国务院发布的《关于实施就业优先战略促进高质量充分就业的意见》提出"引导资金、技术、劳动密集型产业从东部向中西部、从中心城市向腹地有序转移"。这些大政方针为西部各地区发展数字旅游支柱产业，以及解决资金不足、技术不足、人才不足等问题和困难提供了外部强大推动力。

3. 西部国际陆海贸易新通道建设的机遇

国际陆海贸易新通道北接丝绸之路经济带，南连海上丝绸之路，中接长江经济带，在西部地区的发展中具有重要的战略地位。该通道是中新（重庆）战略性互联互通示范项目的重要组成部分，最初由重庆向南经贵州到广西北部湾沿海口岸，再由海路到达新加坡及东盟主要物流节点。2019年8月，国家发展改革委印发《西部陆海新通道总体规划》。2019年10月13日，重庆、广西、贵州、甘肃、青海、新疆、云南、宁夏、陕西、四川、内蒙古、西藏西部地区12省区市和海南省、广东省湛江市，在重庆市签订框架协议，合作共建西部陆海新通道。

国际陆海贸易新通道将通过铁路、公路、海运的互联互通，显著缩短国际旅游的时空距离，促进跨境旅游的发展。例如，中老铁路跨境旅游列车已开行超1000列，为来自96个国家和地区的22万名旅客提供了便捷的跨境旅行服务。围绕陆海新通道沿线地区自然资源与文化资源，打造优势特色旅游品牌。例如，云南以"普洱景迈山古茶林"世界文化遗产为依托，开发"茶马古道"线路，吸引了大量国际游客。国际陆海贸易新通道建设还推动了沿线各区域通过合作机制激活跨境旅游市场。例如，广西搭建的中国—东盟水果交易平台就将冷链物流与旅游商品贸易结合起来。国际陆海贸易新通道的高效物流体系还降低了跨境商品的运输成本和销售价格，丰富了西部地区旅游的美食需求。西部的新能源汽车、民族手工艺品等也通过此通道出口，形成"旅游+购物"的复合消费新模式。

国际陆海贸易新通道通过基础设施联通、文旅资源整合与区域机制建立，将重构国际旅游的空间格局，为西部地区数字旅游支柱产业的建设和发展提供巨大的历史机遇。

4. 国家入境游免签制度的实施带来的入境游机遇

为进一步便利中外人员往来，中国决定扩大免签国家范围，自2024年11月30日起至2025年12月31日，对保加利亚、罗马尼亚、克罗地亚、黑山、北马其顿、马耳他、爱沙尼亚、拉脱维亚、日本持普通护照人员试行免签政策。此外，中国还决定进一步优化免签政策，将交流访问纳入免签入境事由，将免签停留期限自现行15日延长至30日。自2024年11月30日起，包括上述9国在内的38个免签国家持普通护照人员来华经商、旅游观光、探亲访友、交流访问、过境不超过30天，可免办签证入境。西部地区雄奇瑰丽的世界自然遗产与灿烂辉煌的世界人文遗产交相辉映，对这些国家的游客具有巨大的吸引力。

根据云南省社会科学院官网，2024年，云南西双版纳州接待海外游客31.95万人次，同比增长264.67%，其中老挝、泰国、缅甸的游客量排名前三位，极大地激活了当地入境旅游市场。2025年2月10日，国家移民管理局发布关于实施东盟国家旅游团入境云南西双版纳免签政策的公告：即日起实施东盟国家旅游团入境云南西双版纳免签政策。自中老铁路国际游客列车开通运行以来，中国入境旅游市场发展迅速。随着西部地区数字旅游支柱产业的发展和制度创新、政策创新、管理创新的持续优化与组合，西部地区的入境游将出现质的飞跃格局。

从总体上看，自国家2000年实施西部大开发以来，西部的旅游业发展迅速，已形成自己的特色并初具规模。但与中国东部地区的旅游业发展相比，还存在较大的差距。在西部地区旅游业的未来发展中，既存在诸多困难，又存在巨大的发展机遇，其具有巨大的潜力。如何解决西部地区旅游业发展中的现实问题，抓住历史机遇，挖掘发展潜力，把西部地区旅游业建设成为特色优势产业和区域支柱产业，实现西部地区旅游业的高质量发展，就成为西部地区未来发展战略中的中心任务。

第五章　西部地区旅游业市场前景与
发展趋势

西部地区旅游市场是统一的国内旅游大市场的重要组成部分，它的市场前景和发展趋势与国内旅游大市场是一致的，在许多方面是相同的。但由于西部地区旅游资源的独特性和旅游业发展的东西部区域差异，西部地区旅游业未来的市场前景和发展趋势也具有其特点。

第一节　影响旅游业市场发展前景的因素分析

笔者认为影响市场前景和发展趋势的有以下十大因素：政策红利；居民收入水平；居民收入增长率；旅游时间富余程度；旅游景区数量和独特性；交通便捷度；旅游商品性价比；吃住舒适度；线上预定和支付便利度；对外开放度。

在上述十大因素中，每个因素所起的作用大小是不同的，对东中西部地区的影响程度也是不同的。它可以通过主成分分析法获得影响东西部旅游业市场前景和发展趋势的主要因素。但由于获得相关数据有较大困难，本章便主要做定性分析。由于国家西部大开发政策的支持力度很大，对西部地区旅游业会产生很大红利。其他因素如居民收入水平、收入增长率、时间富裕程度、旅游景区数量和独特性、旅游商品性价比、交通便捷度、吃住舒适度、线上服务便利度八大因素，都会向促进旅游业增长的方向发展。但从过去和现状来看，西部地区的旅游基础设施和旅游条件与东部地区相比仍有较大差距，因此，影响市场前景与发展趋势的第二项到第九项因素在西部地区的变化会高于其在东部地区的变化，较大的因素变化会带来更高的旅游业增长率。在国内旅游业都出现较大增长的趋势下，西部地区的国内旅游业将会出现更好的市场前景与发展趋势，旅游人数和旅游收入增长率也将比东部地区更高。但从入境旅游方面看，由于西部地区的对外开放度比东部地区低，国家的过境旅游免签政策当前仅适合于国内的 24 个省区市，因此，从总体上看，西部地区的入境游人数和收入增长率将低于东中部地区。

第二节　国内旅游业市场发展前景与趋势

一、国内市场规模与增长动力：政策、需求与基建三者协同效应

中国西部地区蕴藏着令人惊叹的自然与人文宝藏，还有独具魅力的少数民族文化，无不散发着令人神往的吸引力。这片土地丰富的资源禀赋，为旅游业的腾飞奠定了得天独厚的基础。

与此同时，国内旅游市场也在蓬勃发展。伴随中国经济的飞速发展，人民对休闲生活有着更高的追求，这股蓬勃的内需，为旅游业注入了源源不断的活力。据《中国旅游服务市场发展深度调研与未来前景分析报告（2023—2030 年）》[1]，中国旅游业的发展周期包括初创期、成长期、成熟期和衰退期。着眼当下，西部地区旅游市场正处在充满朝气的成长期，其背后蕴藏的巨大潜力，预示着广阔的前景和令人期待的未来。

（一）政策红利：顶层设计驱动资源聚集

国家对旅游业的支持政策为西部地区旅游业的发展提供了保障。例如，国家通过扩大内需政策推动了旅游市场规模的扩大，同时鼓励西部地区旅游业的发展，促进了当地经济的增长和社会的进步。以下列举具体的几个为西部旅游发展

---

① 观研天下. 中国旅游服务市场发展深度调研与未来前景分析报告（2023—2030 年）［EB/OL］.［2025-02-14］. 观研报告网，https://www.chinabaogao.com/detail/642951.html.

添砖加瓦的国家战略和政策。

1. "西部大开发"

1999 年 9 月，中共十五届四中全会通过的《中共中央关于国有企业改革和发展若干重大问题的决定》明确提出：国家要实施西部大开发战略。西部地区特指陕西、甘肃、宁夏、青海、新疆、四川、重庆、云南、贵州、西藏、广西、内蒙古 12 个省、自治区和直辖市。整个西部地区国土面积约占全国国土总面积的71%，1999 年末人口约占全国总人口的 29%，其中少数民族人口占 75% 左右。[①]

西部大开发战略以基础设施完善、生态保护优先、产业优化升级为核心，通过政策倾斜与资源整合推动区域协调发展，缩小东西部地区差距，激活边疆经济活力。西部大开发战略为西部地区旅游业发展提供的支持表现在以下几个方面：交通网络（如川藏铁路、支线机场）的延伸打破地理阻隔，使"秘境资源"（如稻城亚丁、喀纳斯）更易触达；生态保护工程（三江源国家公园、退牧还草）为可持续旅游提供基底，塑造"绿水青山即金山银山"的典范；民族文化产业（藏羌彝走廊、丝绸之路文旅带）与数字技术（短视频营销、元宇宙景区）融合，将文化符号转化为旅游吸引力，同时反哺本地就业与特色手工业，形成"以开发促旅游、以旅游稳发展"的闭环，实现边疆振兴与文化输出的双重目标。

2. "乡村振兴"

2017 年 10 月 18 日，习近平总书记在党的十九大报告中提出乡村振兴战略，具体包括"乡村产业振兴""乡村人才振兴""乡村文化振兴""乡村生态振兴""乡村组织振兴"五个方面。乡村振兴战略与西部地区旅游的关系可概括为"互为引擎、协同共生"，通过资源互补、价值转化与系统联动，形成"以旅兴村、以村促旅"的良性循环。

乡村振兴为西部地区旅游注入文化灵魂与可持续根基，旅游则为乡村提供价值变现通道与现代化接口。乡村振兴战略强调产业兴旺、生态宜居、乡风文明、治理有效、生活富裕，对乡村旅游产业发展提出了更高的要求。西部地区要立足资源禀赋，把握乡村振兴机遇，破解发展瓶颈，走出一条特色化、差异化的乡村

① 西部大开发［EB/OL］.（2009-08-20）［2025-02-17］. 中华人民共和国国史网，http：//www. hprc. org. cn/gsgl/dsnb/zdsj/200908/t20090820_28292. html.

旅游振兴之路。同时，西部地区要以乡村振兴为契机，立足自身禀赋，找准突破口，在体制机制、产业融合、品牌打造等方面积极探索，推动乡村旅游高质量发展。①

4. "一带一路"节点建设

"一带一路"节点建设是指在"丝绸之路经济带"和"21世纪海上丝绸之路"的框架下，选定特定的城市或地区作为重点发展对象，通过加强基础设施建设、促进贸易便利化、深化人文交流等方式，推动这些地区的经济发展和社会进步。根据《共建"一带一路"倡议：进展、贡献与展望》报告，共建"一带一路"遵循了共商、共建、共享的原则，并强调了和平合作、开放包容、互学互鉴、互利共赢的丝路精神。② 西部地区由于其特殊的地理位置和丰富的旅游资源，在共建"一带一路"倡议中扮演着重要角色。"一带一路"节点建设为西部地区旅游带来了显著的正面效应，不仅提升了当地旅游业的整体水平，也为推动西部地区的全面发展提供了强有力的支撑。

5. 文化和旅游部"十四五"规划聚焦西部地区

强调发展西部生态旅游、红色旅游与民族文化体验。我国《"十四五"旅游业发展规划》提出，要推动出境旅游与国内旅游、入境旅游三大市场协调发展，要继续推动为出境旅游目的地国家提供免签便利，在语言、餐饮、支付等方面为中国游客提供更高品质的服务。同时，支持有条件的国内旅游企业跟随中国游客"走出去"，构建海外旅游接待网络，加强国际化布局，让国内外游客在享受到更加优质服务的同时，促进和带动我国旅游业整体水平提高，增进我国与世界各国各地区人民的友好交往、传播中华优秀文化和文明成果。随着出境游供应链的持续恢复，出境游将维持向上向好的态势。③

未来，随着更多政策措施的落地实施，预计西部地区旅游将迎来更加光明的前景。

---

① 聂兆亮. 乡村振兴背景下西部地区乡村旅游产业发展路径 [J]. 西部旅游，2024 (22)：19-21.
② 推进"一带一路"建设工作领导小组办公室. 共建"一带一路"倡议：进展、贡献与展望 [EB/OL]. (2019-04-22) [2025-02-17]. 新华社，https://www.gov.cn/xinwen/2019-04/22/content_5385144.htm.
③ 王勇. 美媒：中国对全球旅游市场的影响无可比拟 [EB/OL]. (2024-12-30) [2025-02-23]. 观察者网，https://www.guancha.cn/qiche/2024_12_30_760526.shtml.

（二）消费升级需求：新趋势重塑市场格局

1. 后疫情时代"微度假"崛起

后疫情时代并非新冠疫情完全终结，而是进入"防控常态化、社会适应性恢复"的阶段。这一阶段将持续至新冠病毒完全转化为地方性流行病或新型公共卫生体系成熟为止。从"动态清零"转向"保健康、防重症"，防控措施常态化（如重点人群接种加强针），消费、旅游、服务业反弹，但需应对产业链重塑等长期挑战。因此，在当前时代，大众往往倾向于短途高频消费，西部地区短途周边游热度攀升。

例如，从马蜂窝大数据中心发布的《2023旅游大数据系列报告——自驾游》中看，从自驾游搜索指数来看，2023年"自驾游"热门路线排名TOP10的分别是青甘环线、川西环线、川藏线、西北环线、皖南川藏线、北疆线、丝绸之路、南疆线、张北草原天路、独库公路。其中，张北草原天路热度排名上升4位，皖南川藏线排名上升3位。2023年热门自驾游景点是呼伦贝尔大草原、莫高窟、茶卡盐湖、千岛湖、稻城亚丁、赛里木湖、四姑娘山、那拉提草原、洱海、塔公草原、墨石公园。① 在2023年最受欢迎的"自然景点"中，四姑娘山位列第六；在2023年最受欢迎的"人文景点"中，稻城亚丁位列第七；而在2023年西南地区热门景点中，四姑娘山和稻城亚丁分别名列第一和第三；在2023年"玩法"热搜词之列，"川西小环线"的搜索量仅次于"温泉"，达到第二位；② 可见川西环线的热度之高。

2. Z世代引领"小众秘境"热潮

Z世代追求的"小众秘境"网红打卡效应作为西部旅游发展的一大助力，引领了独特的风尚。2023年，新疆自驾游成为最受游客青睐的业态之一，独库公路、伊昭公路、G219边境旅游风景道、盘龙古道、S101天山地理画廊等旅游精品线路游客大增，其中独库公路成为全国最热的自驾品牌之一。③ 新疆独库公路

① 2023旅游大数据报告［EB/OL］.（2023-12-11）［2025-02-23］.狂蜂大作，https：//mp.weixin.qq.com/s/XiyKkegSPSpTzY_i0ukk9w.

② 2023自驾大数据报告［EB/OL］.（2023-12-11）［2025-02-23］.狂蜂大作，https：//mp.weixin.qq.com/s/jmHOj8Y9Wp6wKiVjNG2ozw.

③ 任江.游客创历史新高 热度居全国前列——2023年新疆经济数据分析⑤［EB/OL］.（2024-02-25）［2025-02-23］.天山网，https：//www.ts.cn/xwzx/jjxw/202402/t20240225_19376035.shtml.

（"中国最美公路"）在2022年7月古尔邦节前夕，单日通车量就达到2.8万辆，超过当地设计流量的5倍以上。①

（三）基础设施改善：硬件升级支撑市场扩容

1. 交通网络立体化

交通设施升级是助益西部旅游发展的重要因素。交通网络加密，例如西藏由公路、铁路、航空等构筑起的综合立体交通体系，翻过唐古拉山，飞越横断山脉，跨过雅鲁藏布江，连接千家万户。交通发达之后，西藏2023年接待国内外游客5517万人次，旅游总收入651亿元，创历史新高。②

同时，航线升级体现在支线机场激活"最后一公里"。2013年9月16日，稻城亚丁机场正式通航。作为全球海拔最高的机场，成都到稻城亚丁由2天的车程缩短为1小时的飞行距离。③ 之后几年，随着重庆、西安、广州到稻城亚丁航线的开通，把稻城亚丁这座之前交通不便的小众景区变成了热门旅行地。2023年，稻城亚丁机场共完成旅客吞吐量15.087万人次，同比增长43.6%，全国排名第205位。2014年以来，稻城县依托得天独厚的旅游资源，把发展全域旅游作为"拔穷根、治穷病"的最好药方，在"+旅游"上做文章，百姓腰包逐渐鼓了起来。截至2019年底，全县接待游客突破350万人次（100万人），旅游业对稻城GDP贡献率超过52%、对农村居民人均可支配收入贡献率超过64%、对税收贡献率超过73%。④

2. 智慧旅游提升体验与效率

个性化、多元化的旅游需求促使传统景区进行智慧化的管理升级，通过对景区进行智能化、自动化的软硬件系统改造，有效改善旺季"排队难"现象，提高景区整体运营管理效率。通过互联网技术与景区业务相结合（互联网+景区），

① 林心林. 新疆游客爆满，独库公路"堵哭"了［EB/OL］.（2023-06-21）［2025-02-23］. 时代财经App，https：//mp.weixin.qq.com/s/86L5mtUDtEHXiwy3657qwA.

② 公路→铁路→高等级公路 西藏"五城三小时"经济圈有了［EB/OL］.（2024-07-05）［2025-02-23］. 文化西藏，https：//mp.weixin.qq.com/s/1KaWwOTX9D7EFXVhZ-1pdg? search_click_id=4923574153226147832-1749499375085-8100046591.

③ 稻城亚丁机场16日通航 成都-稻城1小时飞越雪山美景［EB/OL］.（2013-09-12）［2025-02-23］. 甘孜日报社，https：//www.gzz.gov.cn/lyzx/article/72155.

④ 稻城旅游发展纪实［EB/OL］.（2021-04-26）［2025-02-23］. 甘孜日报社，https：//www.gzz.gov.cn/gzzrmzf/c100005/202104/afbaede2b0234942824484452b167dfc.shtml.

打造现代化的智慧景区。

2017 年丽江市以"一部手机游云南"作为试点契机，着力推动"智慧旅游"建设。全市累计投入 1.17 亿元资金，用于玉龙雪山、丽江古城智慧景区建设，为"手机游"提供了良好的基础和条件。截至 2018 年 9 月 25 日，全市已完成 23 个城市景区名片的编辑制作和上线展示；完成 170 座旅游厕所、1010 座城乡公厕、32 个 A 级景区停车场的地理信息上传；完成 AAAA 级以上景区手绘地图和 AI 识物景点素材采集上传；完成 AAA 级景区基础地图测绘。2018 年 6 月 1 日至 7 月 24 日，通过"一部手机游云南"平台，丽江市共受理投诉 105 件，全部实现 24 小时内办结，游客满意率达 100%。[①] 由此可见，"智慧旅游"的建设能够为旅游业的发展提供助力，提升游客体验感。

除此之外，上海市文化和旅游局、江苏省文化和旅游厅、浙江省文化广电和旅游厅、安徽省文化和旅游厅负责人共同签署了《长三角智慧文旅公共服务平台融合共建备忘录》。长三角将以大数据、人工智能等新科技为引擎，打通区域文旅资源壁垒，共同构建"全域互联、数据互通、服务互认"的长三角智慧旅游生态体系，为全国文旅行业区域一体化高质量发展提供示范样本。实现上海市"沪小游"、江苏省"苏心游"、浙江省"游浙里"和安徽省"游安徽"的融合共建，绽放智慧文旅的新活力。[②] 另外，这也体现了政策对智慧旅游的扶持。

二、国内游客行为趋势：产品偏好与消费特征深度解析

国内游客行为趋势呈现显著的"自然崇拜、文化沉浸、社交驱动、家庭友好"特征，西部旅游产品设计与服务需精准适配以下需求：

（一）产品偏好：从"观光打卡"到"深度体验"

1. 自然景观类：雪山、草原、峡谷的"治愈力"

智游宝数据显示，2025 年"五一"旅游预订人次同比增长超 11%，在各类文旅业态中自然景观类旅游目的地需求最旺，其中山岳类景区预订同比增长近

① 云南省人民政府."一部手机游云南"将正式上线看看丽江、大理、红河、楚雄准备情况 [EB/OL]. (2018-09-25) [2025-02-28]. https：//mp.weixin.qq.com/s/BBeNyI8Zeho09oZtJdMzPA.

② 浙江文旅政务. 长三角智慧文旅公共服务平台融合共建备忘录签署活动在杭成功举行 [EB/OL]. (2025-06-06). https：//mp.weixin.qq.com/s/5DAFeJTxWBIRl1JI7aTwBA.

30%,华山风景区、萍乡武功山景区、神仙居等热门山岳类旅游目的地假期游客如织。①

2. 文化体验类:非遗与节庆的"在地化"重构

2025年春节作为首个"非遗版"春节,非遗旅游体验项目热度飙升。将非遗技艺与节庆活动相融合,通过"在地化"重构,将地方文化融入旅游场景作为当前文化旅游的必打卡项。

2025年春节期间,安徽省宣城市围绕"诗意宣城·欢欢喜喜过大年"主题,开展了形式多样、内涵丰富、喜庆吉祥的系列文化活动,与游客共庆首个"非遗版"春节。除夕当天,中国宣纸小镇及宣纸制作技艺画面在央视新闻频道除夕特别节目《2025喜乐安宁中国年》和央视财经频道《第一时间》播出。大年初四,宣笔制作技艺、宣纸传统制作技艺亮相央视"2025年非遗晚会"。春节假期全市共接待游客470.71万人次,同比增长12.9%;实现旅游收入26.58亿元,同比增长12.8%。②

(二)消费特征:代际差异与场景分化

1. 年轻游客主导:社交货币驱动"打卡经济"

游客对于"出片率"的极致追求,催生出了打卡式旅游,这一现象在很多景区都很常见。川西墨石公园凭借其独特的"异域星球"地貌,吸引了众多游客前来参观游玩,也一跃成为抖音热门打卡地。2023年国庆期间,墨石公园接待游客54779人、同比增长358.56%。③墨石公园景区将生态优势转变成经济优势,2023年接待游客人数达到约83万人,营业收入约3638万余元,当地居民共分红200多万元。④

2. 家庭游需求:安全性与教育性并重

家长越来越倾向于通过旅行来帮助孩子们认识世界、拓宽视野和增长知识,

① 智游宝智慧旅游专家.《五一旅游目的地数据报告》[EB/OL].(2025-05-08). https://mp. weixin. qq. com/s/B_UYWz1LMSt4ckctuzZQgQ.

② 宜萱. 安徽宣城:春节假期非遗热、年味浓、文旅热 [EB/OL].(2025-02-10)[2025-02-23]. 网易,https://www.163. com/dy/article/J01GR20105346936. html.

③ 再创历史新高 | 296.42万人次!32.61亿元! [EB/OL].(2023-10-08)[2025-05-23]. 甘孜藏族自治州人民政府,https://www. gzz. cn/lyzx/article/533042.

④ 王凡、冯子芯. 冰雪旅游看川西,人文自然齐飞彩 [EB/OL].(2024-12-11)[2025-05-23]. 人民网-四川频道,http://sc. people. com. cn/n2/2024/1211/c379469-41072505. html.

14 岁及以下青少年旅游者迅速增加，青少年研学旅行需求持续增长。重要研学旅游城市曲阜在 2024 年上半年共接待青少年研学 136.7 万人次，同比增长 24.3%。① 随着家庭旅游市场的持续增长，尤其是亲子游市场的蓬勃发展，家长对于旅行的安全性和教育性的重视程度日益增加。西部地区因其独特的自然风光和丰富的文化遗产成为众多家庭游客的选择。

暑期是亲子游、毕业游、研学游的最高热度期，宁夏中卫沙坡头景区拥有沙丘、黄河、绿洲、高山和沙漠等多重景观，也是亲子研学的热门旅游地。近年来，沙坡头区依托乡村自然生态、特色产业、乡土文化、区位优势等，探索产业联营、利益联结、跨村联建、资金融合的"三联一融"发展模式，以研学游、亲子游、户外探险游等乡村旅游新业态推动乡村旅游转型升级。积极研发非遗、科普、农耕体验等极具特色的研学课程，引导帐篷营地、房车营地、体育拓展实训基地、神州研学营地等业态发展，打造沙坡鸣钟田园综合体、普天瑞农、何滩村、北长滩等一批乡村旅居目的地，叫响品牌、示范引领，打造"轻休闲、微度假、慢生活"乡村旅游新名片。② 沙坡头村改造 52 家民宿和农家乐，建成集乡村民宿、亲子研学、旅游服务为一体的休闲康养区。③ 沙坡头村以"夜燃沙坡头·篝火映星河"为主题，推出非遗"花儿"唱响黄河岸、千人篝火舞动沙漠夜、星空影院放映经典影片等特色体验，引爆社交平台，"五一"假期累计吸引游客超 1.6 万人次，带动夜间消费 150 万元，成为乡村旅游夜间经济新标杆。④

三、潜力细分市场：西部旅游的差异化突围路径

西部旅游凭借资源独特性与政策红利，在红色旅游、生态康养、自驾探险等

① 大众旅游时代的国内旅游新特征：需求升级与市场下沉——《中国国内旅游发展年度报告 2024》在线发布 [EB/OL]. (2025-03-27) [2025-05-23]. 中国旅游研究院，https：//mp. weixin. qq. com/s/ivl-norc6KuMVneraOto95Q.

② 沙坡头区旅游和文化体育广电局：沙坡头区大力发展乡村文旅产业促振兴 增培乡村创新发展新动能 [EB/OL]. (2023-09-19) [2025-05-23]. 中卫市沙坡头区人民政府，https：//www. spt. gov. cn/xwzx/bmgz/202309/t20230925_4284836. html.

③ 沙坡头区："乡村旅游+"解锁致富密码 [EB/OL]. (2025-05-19) [2025-05-23]. 文明中卫，https：//mp. weixin. qq. com/s/i_jkVC8DMRa3CBz5ABVixg.

④ 沙坡头区："五一"文旅消费"多点开花" 激活区域假日经济新活力 [EB/OL]. (2025-05-08) [2025-05-23]. 沙坡头区文旅，https：//mp. weixin. qq. com/s/KrQp26XZo_Vm2GfnehmOBA.

细分赛道展现出强劲增长潜力，以下对此展开分析。

（一）红色旅游：精神内核与科技赋能的共振

1. 资源禀赋与政策加持

《"十四五"文化和旅游发展规划》明确提出，要大力发展红色旅游，完善红色旅游产品体系，促进红色旅游与乡村旅游、研学旅游、生态旅游融合发展，推出一批红色旅游融合发展示范区。西部地区红色旅游资源丰富，具有深厚的历史文化底蕴与重要的革命纪念意义。近年来，陕西红色旅游景区基础设施不断完善，景区服务质量逐步提升，形成了以"红色演艺+数字应用+场景复原与沉浸式体验"为主要内容的新场景新空间新模式。陕西省人民政府办公厅印发的《陕西省关于加快文旅产业发展若干措施的通知》中明确指出，要制定红色旅游提升方案，对红色旅游景区基础设施、研学旅游、教育培训、宣传推广、精品创作等予以重点支持。

2. 产品升级策略

打造沉浸式体验，让游客获得深度沉浸感。《重庆·1949》舞台剧以1949年重庆解放前夕为大背景，讲述了众多被关押在渣滓洞、白公馆的中国共产党人经受住种种酷刑折磨，不折不挠、宁死不屈的故事。该剧于2021年7月首演后，到2024年12月，已创下演出2500场、接待观众160万人次的纪录。[①]

《重庆·1949》用砖石砌成72级台阶，用约2000根柱子搭建起18米高的世界最大室内吊脚楼建筑群，160个独立顶部悬吊电机组成灯光舞美装置，加之多维立体沉浸式室内旋转舞台[②]，在先进技术赋能下，以"价值引领"拓展产业链条，项目带动2024年全区游客接待量、旅游消费较2019年分别增长62.3%、99.1%，形成具有重庆辨识度、全国影响力的文化成果[③]。

---

① 高吕艳杏. 红色舞台剧《重庆·1949》焕新亮相，政协委员称赞"更震撼"！[EB/OL]. (2024-12-24) [2025-02-23]. 重庆政协, https: //mp. weixin. qq. com/s/3whqI8A3Vur2wLFXWOpFNQ.

② 王思雨.《重庆·1949》｜做一部戏致敬一座城 [EB/OL]. (2025-04-03) [2025-05-23]. 国家大剧院杂志, https: //mp. weixin. qq. com/s/JxkWI07YNHWec65IChxWmw.

③ 再获殊荣！《重庆·1949》最佳案例！[EB/OL]. (2025-05-20) [2025-05-23]. 重庆一九四九, https: //mp. weixin. qq. com/s/j9xAtpojJGdIG8jBQFYNNQ.

（二）生态康养：银发经济与低碳旅居的融合

1. "候鸟式旅居"爆发式增长

云南独特的地理区位、地形地貌造就了省内的多种气候类型，旅游气候资源十分丰富。2023 年，到元谋旅居过冬的外地游客达 8 万人，同比增长 62.5%。[①] 2024 年 1~10 月，攀枝花市米易县接待康养游客 787.7 万人次，实现旅游综合收入 83.4 亿元，同比分别增长 14.49%、11.80% 以上，实现游客接待量和旅游收入显著增长。[②]

2. 产业链延伸

医疗康养联动，吸引特定需求的游客。云南 2022 年 5 月发布的《云南省"十四五"文化和旅游发展规划》中提出，要培育打造新业态新产品，面向养生养老消费需求市场，建设一批医疗康养旅游基地、中医药食疗养生旅游区、健康保健养生旅游区、养老养生体验园区、医疗健康城和康养小镇等医疗养生旅游重大重点项目。

（三）自驾与户外探险：极致体验与产业配套的共生

1. 线路开发与基础设施

顶级自驾 IP 吸引顶流游客量，据 318 国道途中的四川省甘孜藏族自治州文旅局数据统计，2024 年国庆期间全州进出车辆高达 354793 辆，纳入统计的 100 个 A 级旅游景区共计接待游客 87.71 万人次。[③]

配套服务升级，为游客提供极致体验。G217 线独库公路于 2025 年端午假期第一天正式通车，开通三日日均车流量均超过 3.5 万辆，三日通行总辆达 10.7 万辆。[④] 此次开放，独库公路不仅新配备了"丝路驿站"服务，还有系列新增服务，极大优化了游客体验。

① 王长山，严勇.有一种生活，叫旅居云南 [N].新华每日电讯，2025-03-19（007）.
② 巴且木呷.全域康养全民共享丨赴阳光之约！我县 2024 年康养游客接待量和旅游收入实现双增长 [EB/OL].（2024-12-02）[2025-02-23].阳光米易，https：//mp.weixin.qq.com/s/Nve5EAoY2oXI52MsOduBZg.
③ 我州国庆假期累计接待游客突破 300 万人次 创历史新高 [EB/OL].（2024-10-09）[2025-02-23].甘孜日报，https：//fgw.gzz.cn/gzdt/article/609982#.
④ 哈得江·哈斯木.独库公路开通三天日均流量超 3.5 万辆——"新疆交通亚克西"护航端午假期平安有序 [EB/OL].（2025-06-03）[2025-06-03].新疆交通运输，https：//mp.weixin.qq.com/s/CnmqIYGOpB-bZ3qR_j6mxg.

2. 户外探险专业化

探险旅游市场是全球旅游业中的一个重要组成部分。根据《2024 全球户外用品市场洞察报告》，全球户外用品市场在 2023 年迎来了前所未有的快速增长，预计到 2032 年将突破 1291 亿美元。① 四川阿坝藏族羌族自治州四姑娘山景区是国内较早开发山地户外运动产业的旅游景区。凭借优越的景观资源和独特冰川地质地貌，在这里举办的攀冰、徒步、自行车、越野跑等户外运动赛事品牌影响力越来越大，年接待专业户外运动人员超过 2 万人次，户外运动产业每年为当地带来超过 5000 万元的经济效益。②

3. 环保与商业化平衡

绿色准则，利益共享。岗什卡雪峰景区的发展，让当地人在家门口就能就业。"雪山向导"作为青海着力培育的具有地域特色的劳务品牌，已带动周边400 余名农牧民就业，实现"旺季一个月收入能有两三万元"，并且替代传统放牧工作造成的环境污染，为乡村振兴注入了新动力。③

红色旅游、生态康养与自驾探险三大赛道，凭借政策红利、资源独特性与消费升级需求，正成为西部旅游增长新的"三驾马车"。通过科技赋能、产业配套与生态约束的平衡，西部地区有望在全球文旅市场中树立"极致体验+可持续发展"的中国范式。

第三节　入境游市场发展前景与趋势

对于国际游客而言，中国的西部同样具有独特的吸引力。根据联合国世界旅

① 《2024 全球户外用品市场洞察报告》解读：从城市到荒野，户外用品如何成为探险者的"第二皮肤"？[EB/OL]. (2024-10-12)[2025-02-19]. 大数跨境, https：//www.10100.com/article/104374.
② 产业发展规划（2022—2025 年）发布 户外运动迎来发展新机遇 [EB/OL]. (2022-11-26)[2025-02-23]. 中国政府网, https：//www.gov.cn/zhengce/2022-11/26/content_5728872.htm.
③ 陈晨.【坚定信心 实干争先】"青字号"劳务品牌再添就业新动能——"促进高质量充分就业"系列报道之三 [EB/OL]. (2025-05-25)[2025-05-30]. 青海日报, http：//www.qinghai.gov.cn/zwgk/system/2025/05/25/030073142.shtml.

游组织（UNWTO）的数据，2023年中国游客在国际旅行上的支出超过美国游客，这显示了中国在全球旅游市场的影响力正在不断增强。尽管这一数据主要反映了中国出境游的情况，但它也能够间接说明中国作为旅游目的国的潜力。

为了吸引更多国际游客，中国政府采取了一系列措施，比如简化签证手续、提升旅游设施和服务的质量等。以成都为例，作为西部大城市的代表，其客源市场还存在消费水平较低、客人出游次数少、半径小、时间短等特点（杨振之、王俊鸿，2000）。这意味着对于国际游客的吸引力度还有很大的发展空间，可以通过加强宣传推广、丰富旅游产品种类等方式来吸引更多的国际游客。

一、国际游客现状与潜力：核心客源地与增长瓶颈解析

中国西部旅游在国际市场的吸引力与挑战并存，需针对性破解客源结构单一与传播效能不足的困局。《中华人民共和国2024年国民经济和社会发展统计公报》数据显示，2024年，入境游客13190万人次，入境游客总花费942亿美元，分别较2023年上涨60.8%和77.8%。

从西部地区来看，四川和甘肃交出了入境游的优异成绩。数据显示，2024年1~12月，成都市累计接待入境外国游客（不含港澳台地区）114万人次，同比增长190%，在蓉消费约16.17亿元，同比增长300%，位居全国主要城市前列。① 其次，2024年，甘肃依托"丝路游"旅游品牌，达到省入境游客24.79万人次，同比增长137%，入境游旅游花费约9808万美元。其中，位列前五的国家分别为马来西亚、新加坡、美国、韩国、泰国。港澳台地区来甘肃的游客达11.48万人次，占该省入境旅游总人数的47%。②

（一）核心客源地：市场结构分化与潜力挖掘

1. 中国港澳台市场：入境旅游市场基础稳固

根据2024年国民经济和社会发展统计公报，2024年港澳台地区居民来内地/大陆旅游10496万人次，同比增长54%，占入境旅游市场整体的八成左右。港澳

---

① 入境游首选城市！外国人游成都，so easy！[EB/OL].（2025-01-20）[2025-05-30].中国一带一路网，https://www.yidaiyilu.gov.cn/p/0UMFF3OA.html.

② 闫姣."丝路游"升温 甘肃入境游同比增长逾五成 [EB/OL].（2025-05-23）[2025-05-30].中国新闻网，https://www.chinanews.com.cn/cj/2025/05-23/10420884.shtml.

台地区依然是首要的入境旅游市场。

2. 东南亚市场：近乎恢复到 2020 年前水平

免签政策对新马泰等近程市场的效应明显，它们是恢复最快的外国客源市场。2024 年，新马泰等东南亚客源市场大概率已经恢复到 2020 年前的水平。多家旅行商表示，2023 年接待了更多的东南亚游客，伴随东南亚来华旅行次数更加频繁，东南亚游客对来华体验深度有了更高的要求，东南亚中高端市场有较大潜力。

3. 日韩与欧美市场：恢复较慢

相较新马泰等东南亚市场，同为近程市场的日韩则恢复相对较慢。2019 年，韩国和日本来华旅游人数分别为 435 万人次和 268 万人次。伴随我国先后对韩国和日本试行单方面免签，预期两国来华旅游市场将加速复苏。欧美市场恢复同样较慢。受到俄乌冲突、贸易摩擦等地缘政治问题影响，西欧、北美国家往返中国的直航航班恢复较慢，从事欧美游客接待的入境旅行商普遍表示欧美国家来华旅游在 2023 年和 2024 年恢复相对较慢。①

（二）增长瓶颈：结构性障碍与认知偏差

1. 国际航班通达性不均

中共中央政治局于 2023 年 7 月 24 日召开会议，分析研究当前经济形势，其中特别提到"要增加国际航班"。这是因为国际航班通达性还存在冷热不均的现象，不同国家和地区恢复度相差巨大，亚洲、美洲地区通达性相差甚远。截至 2023 年 7 月，杭州稳定运营国际和地区客运通航点达 23 个，通航三大洲 13 个国家。其中，新增、恢复的 7 条境外客运航线，都集中在了亚洲地区，而以美洲等区域为目的地的国际航班恢复速度慢。

2. 海外宣传效能薄弱

国际游客对中国的认知长期被传统话语体系所主导，呈现显著的"单向度凝视"特征。这种认知偏差源于目的地形象建构的"时间滞后效应"：官方外宣材料仍侧重文化遗产与自然景观的静态展示，缺乏对区域产业升级、社会发展的动

---

① 《中国入境旅游发展年度报告 2024》在京发布［EB/OL］.（2025-03-27）［2025-05-30］. 中国旅游研究院，https：//www.ctaweb.org.cn/？m＝home&c＝View&a＝index&aid＝10020.

态传播，导致国际游客的认知停留于 20 世纪 90 年代的"东方主义"想象框架。①

（三）破局路径：基建升级与精准传播

1. 海外营销革新

创作内容本土化，以微观叙事打动国际游客。近年来，"解读中国"工作室策划推出一批中外合拍纪录片作品，生动记录贴合我国实情的时代影像，积极探索国际传播创新路径，在海外观众中引发广泛反响。

2. 签证与服务升级

不断优化过境免签、区域性入境免签、口岸签证等政策，进一步扩大单方面免签、互免签证范围，持续提升外籍人员来华、在华便利度。2024 年前 11 个月，全国各口岸入境外国人 2921.8 万人次，同比增长 86.2%；其中，通过免签入境 1744.6 万人次，同比增长 123.3%，有力带动旅游、交通、餐饮等产业发展。②另外，多部门印发《关于推进旅游公共服务高质量发展的指导意见》，表示利用未来 3~5 年时间，基本建成结构完备、标准健全、运行顺畅、优质高效、与旅游业高质量发展相匹配的旅游公共服务体系，旅游公共服务有效供给明显扩大，服务效能明显提升。其中，优化公共信息服务对于国际游客的体验会大幅提升，例如设置旅游信息咨询点、积极探索旅游公共信息智能问答服务以及加强旅游公共信息服务资源整合，提前预报，及时预警，科学引导群众错峰出游。

二、吸引国际游客的独特优势：文化独特性与探险稀缺性的全球竞争力

在对外开放的今天，中国西部地区因其无法复制的自然景观和文化资产，吸引着国际友人前来游览参观，具体优势如下：

---

① 温婉君. 信息时代中华文化海外传播策略分析——以赣南客家文化为例 [J]. 新闻传播科学，2025，13（3）：391-396.

② 曾诗阳. 免签政策红利充分释放 [EB/OL]. （2025-01-11）[2025-02-23]. 中国政府网，https://www.gov.cn/yaowen/liebiao/202501/content_6997877.htm#.

（一）文化独特性：世界遗产与原生态文明的"活态博物馆"

2024 年，我国入境游客 13190.2 万人次，同比增长 60.8%。其中，外国游客入境 2694 万人次，同比增长 95.5%。① 西藏布达拉宫、敦煌莫高窟、四川都江堰、新疆天山等文化遗产景区备受外籍游客喜爱。

1. 世界遗产集群：文明对话的超级 IP

西藏布达拉宫作为我国古代建筑的杰出代表之一，于 1994 年被联合国教科文组织列入《世界遗产名录》②，被联合国教科文组织定位为"宫殿建筑"，具有极高的国内外影响力。2025 年春节假期，西藏共接待国内外游客 238.12 万人次，其中布达拉宫共接待游客 29549 人次。③ 唐卡、藏香等独具特色的西藏手工艺品备受游客们的喜爱。

敦煌莫高窟于 1987 年入选《世界遗产名录》，现存洞窟 735 座，具有极高的历史研究价值。为进一步保护莫高窟，敦煌研究院推出"数字敦煌"项目，利用先进技术对莫高窟和相关文物进行数字化扫描，将信息存储在"数字敦煌"资源库内。截至 2024 年 11 月，"数字敦煌"资源库有超过 78 个国家的 2200 万人次访问。④ 现代数字技术的兴起，不仅能更完善地保存文物，也为敦煌文化跨越时空提供了新的方式。

2. 原生态民族文化：未被驯化的"地球样本"

茶马古道主要以马帮为运输方式，不仅是我国较古老的商品贸易通道，更是沟通中外的文化之路，其独特性吸引了国内外游客。国际游客可以通过私人定制或跟随旅行社两种方式重走茶马古道，体验马帮生活。云南沙溪古镇作为茶马古道的交通要道，伴随着马帮的到来而兴盛，是茶马古道上唯一留存的古集市。2002 年，在瑞士遗产保护团队的帮助下，这个小镇不仅重新焕发了生机，还入选为"全国最美小镇之一"。2024 年，沙溪古镇共接待海内外游客 311.68 万人

---

① 中华人民共和国文化和旅游部. 中华人民共和国文化和旅游部 2024 年文化和旅游发展统计公报 [EB/OL]. （2025-05-30）. https：//zwgk. mct. gov. cn/zfxxgkml/tjxx/202505/t20250530_960335. html.

② 布达拉宫 [EB/OL]. [2025-05-30]. 布达拉宫官方网站，https：//www. potalapalace. cn/.

③ 8 天，238. 12 万人次 [EB/OL]. （2025-02-05）[2025-05-30]. 央视频，https：//mp. weixin. qq. com/s/U5zrTqCftc172VWIBjGaGg.

④ 数字中国建设典型案例之四十七｜"数字敦煌"资源库平台建设 [EB/OL]. （2024-11-24）[2025-05-30]. 国家数据局，https：//www. nda. gov. cn/sjj/ywpd/sjzg/1122/202411221536366669712196_pc. html.

次，外籍游客数量显著提高。①

另外，喀什也以其独特的地理位置、丰富的美食吸引了众多外籍游客，外籍游客可在喀什亲身感受牛羊大巴扎的氛围，体验打馕、土陶等项目。截至2024年8月，喀什古城共接待入境游客10.55万人次，其中外籍游客8.88万人次。②

（二）探险资源稀缺性：极限地理的终极召唤

1. 极限自然景观：地球"第三极"的不可替代性

（1）珠峰大本营：世界之巅的朝圣。珠峰大本营作为世界最高峰，备受国内外极限挑战爱好者的喜爱。2024年春季登山季，尼泊尔共发放了421张珠峰攀登许可证。③ 2024年珠峰景区接待国际游客超1.37万人次，主要来自新加坡、马来西亚、德国、法国等。④

（2）新疆哈密大海道探险：唯一合法穿越的无人区。新疆哈密大海道靠近罗布泊无人区边缘，是古代敦煌前往吐鲁番最近的一条道路，这条道路聚集了古城堡、化石山、海市蜃楼、沙漠等多种人文和自然景观。2024年1月，我国第一个国际探险公园——大海道国际探险公园在哈密落地，雅丹探险体验、"流浪火星·穿越大海道"等项目满足了一众爱好者探险需求，成为探险穿越旅行目的地。

2. 特种旅游项目：专业性与稀缺性并重

新疆帕米尔地区包括石头城遗址、金草滩、盘龙古道、彩云人家民宿村等多个自然风景区，其中盘龙古道30千米的山路有639道弯，通过时海拔会陡然上升，因"今日走过了所有的弯路，从此人生尽是坦途"这条标语吸引众多游客打卡。2025年3月22日，盘龙古道全面恢复通车，5天内已接待游客1万多人

① 胡超.【苍洱处处石榴红　籽籽同心爱中华】沙溪镇：茶马古道千年古镇的"新生密码"[EB/OL].（2025-04-28）[2025-05-30].云南民族时报，https：//mp. weixin. qq. com/s/Td_jcjGDPTQuxJTRuHNK_A.

② 艾里非热，麦麦提萨吾提.入境游升温 喀什渐成国外游客"打卡"新标地！[EB/OL].（2024-09-20）[2025-05-30].澎湃新闻，https：//www. thepaper. cn/newsDetail_forward_28811411.

③ 尼泊尔旅游部门启动春季登山许可发放[EB/OL].（2025-04-28）[2025-05-30].世界旅游城市联合会，https：//cn. wtcf. org. cn/20250401/c3c664bf-f850-82f7-1647-27e4eadf49d0. html.

④ 卢丹阳，丁增尼达.2024年超1.37万人次国际游客"打卡"珠穆朗玛峰景区[EB/OL].（2025-01-02）[2025-05-30].新华网，https：//www. news. 20250102/1f87a52876e84967a08c68aed1391ce1/c. html.

次，共有 2000 多车次通过。① 自盘龙古道爆火后，当地政府也在积极完善基础设施建设，不仅在部分弯道旁设置劝导员，还在盘龙古道周边修建了民宿、农家乐等，以此保证每位游客的游览体验和安全。

总之，文化独特性与探险稀缺性构成西部地区旅游的两大核心，这使其在全球文旅市场中占据着不可替代的生态位置。通过专业化运营、伦理化开发与国际传播升级，西部地区有望成为全球探险家与文化探索者的终极目的地。

三、国际市场的突破方向：跨境联动与高端定制的双轮驱动

中国西部地区旅游在国际市场的突破需依托于共建"一带一路"倡议政策红利与高端定制产品创新，构建"跨境协同+深度体验"的创新形式。

（一）共建"一带一路"倡议联动：跨境旅游走廊与文化适配服务

1. 开发中亚、南亚跨境旅游线路

（1）中巴经济走廊：探险与文化的融合。在共建"一带一路"倡议的带动下，跨境旅游线路的开发也是促进双方文化交流、经济发展、共谋合作的方式之一。中巴经济走廊自然风光优美，游客可以从新疆喀什出发，途经红其拉甫口岸和罕萨山谷，最终抵达巴基斯坦的伊斯兰堡，既能让游客体验到壮丽的自然风光，也可以体会到不同民族的文化。

（2）中缅文化走廊：佛教与生态的双重吸引力。云南位于我国西南部，与缅甸相邻。2025 年是中缅建交 75 周年，双方可以借此契机加强文化交流，通过出台一系列的旅游政策措施吸引国内外游客，增进双方友好关系。云南和缅甸相邻，其与南传佛教文化一脉相承，关系密切。两国僧侣交流频繁，一定程度上促进了边境居民的友谊。在此基础上，以宣传南传佛教文化为主、生态旅游为辅，开发中缅旅游线路，提高目的地吸引力和竞争力。游客以云南大理为起点，终点为缅甸的曼德勒，途经腾冲，围绕探访南传佛教和伊洛瓦底江生态游两方面游览。

2. 针对沿线国家定制化营销

不论是中巴经济走廊还是中缅文化走廊，都需注意大部分游客为伊斯兰教。

---

① 阿比拜.5 天 10000 多人次！新疆这条路火了［EB/OL］.（2025-03-29）［2025-05-30］.新疆日报，https：//mp.weixin.qq.com/s/s3x2XfKXQ9icCvR7Ihp5BA.

因此，在针对共建国家进行旅游服务升级时，可以为中亚、南亚的伊斯兰教游客提供符合伊斯兰文化的住宿场地和餐饮。同时，敦煌莫高窟、西藏布达拉宫等景点除中文、英文、藏文等语言，还上线了哈萨克语等沿线国家语言的景点解说器，提升外籍游客的旅游体验。

"一带一路"共建国家出境中国旅游人数由 2013 年的 903 万人次增长至 2017 年的 1064 万人次。中国出境到"一带一路"共建国家的游客人数由 2013 年的 1549 万人次增长至 2017 年的 2741 万人次，五年间增长了 77%，年均增速达 15.34%，中国之于"一带一路"共建国家旅游经济发展的基石地位不断凸显。①

（二）高端定制游：小众体验与国际赛事的双重赋能

1. 小众深度体验：文化沉浸与精神探索

（1）做一天纳西人。"做一天纳西人"是由丽江中国西部研究发展促进会的理事单位丽江千年艺语文化传媒有限公司推出的一个沉浸式体验项目。在这里，游客可以亲身体验纳西喜饼的制作流程，试着做纳西喜饼，可以跟着非物质文化遗产代表性传承人学习用东巴文书写自己的名字，还可以在国家级非物质文化遗产代表性项目"白沙细乐"悠扬的曲调中解锁丽江文旅的另一种打开方式。②

（2）唐卡绘画工作坊。唐卡是指用彩缎装裱后悬挂供奉的宗教卷轴画，是藏族文化中一种独具特色的艺术形式，有着上千年的历史。2006 年，包括热贡唐卡在内的热贡艺术被列入第一批国家级非物质文化遗产名录。随着旅游业的发展，来藏游客开始将唐卡作为西藏特产之一，唐卡也不再仅限于藏族文化，开始融入不同地方特色，消费人群逐步增加。2023 年，好莱坞与索朗唐卡画室签订了 NFT（数字藏品）合作协议，并邀请其去美国进行艺术展览。③

① 《中国国内旅游发展年度报告 2024》课题组."一带一路"旅游大数据专题报告（全文）[EB/OL].（2022-06-29）[2025-05-30]. https：//www.ctaweb.org.cn/index.php? m = home&c = View&a = index&aid = 8549&lang = cn.

② 张小秋.【西部之光·丽江篇章】沉浸式体验做一天纳西人 [EB/OL].（2025-04-17）[2025-05-30].丽江中国西部研究发展促进会，https：//mp.weixin.qq.com/s/dNPJDj38aQTempFwF1mtJg.

③ 李若佳，王一川.唐卡画师尼玛让波：在画笔尖舞动的传承与创新 [EB/OL].（2024-10-11）[2025-05-30].清新传媒，https：//qxcm.tsjc.tsinghua.edu.cn/pc/gjxw/2024-10-11/b0iqRRKvtGxCcI6X.html.

2. 国际赛事引流：体育+旅游的超级 IP

中国环塔（国际）拉力赛作为亚洲最具影响力的越野赛事，仅 2024 年，就有 50 支车队 110 辆赛车驰骋赛场，同时开展 11 场演唱会、20 余场文旅活动、30 余场景区主题活动，吸引大量游客"跟着环塔去旅行"，实现旅游收入 17.96 亿元。①

（三）核心挑战

安全保障：高原探险需强化医疗保障（如拉萨设立国际高山救援中心），跨境游需完善领事保护机制；人才缺口：高端定制游要求双语导游、文化解说员具备专业知识（如登山技能），需加快职业培训（年均培养 1000 人）。

综上所述，跨境联动与高端定制是西部地区旅游国际化的两大突破口。通过政策协同、产品创新与精准营销，西部地区有望从"中国秘境"升级为"全球顶级探险与文化目的地"，成为共建"一带一路"民心相通的典范。西部地区旅游的未来发展具有以下趋势：

1. 国内市场持续受益于消费升级与基础设施完善

根据相关资料，2024 年中国国内旅游收入较 2019 年增长了 11%，创下历史新高。② 随着中国经济的持续增长和居民收入水平的提升，消费者对旅游的需求不再局限于简单的观光游览，而是更加注重体验式旅游和个性化服务。这种趋势促使旅游景区和服务提供商不断升级产品和服务质量，力求满足游客日益增长的差异化需求。中国国内旅游市场正处于快速发展阶段，预计未来将受益于消费升级和基础设施的不断完善。

在旅游消费升级的浪潮中，"Z 世代"与"银发族"正形成驱动市场变革的双引擎。前者以"为体验付费"为消费信条，催生出"剧本杀"主题酒店、国潮文旅街区等创新业态；后者则推动适老化旅游产品迭代，带动养生度假、康复疗养、老年服务为核心的产品体系年均增速突破 20%。③ 这种代际消费分野实质是体验经

---

① 纵深观察｜环塔拉力赛 20 年正青春［EB/OL］.（2025-05-12）［2025-05-30］. 天山网-新疆日报，https：//www.ts.cn/xwzx/tyxw/202505/t20250512_28448788.shtml.

② 智研咨询. 中国旅游行业市场研究分析及投资前景评估报告［EB/OL］.（2024-09-08）［2025-02-23］. https：//www.chyxx.com/industry/1196919.html.

③ 中国旅游协会休闲农业与乡村旅游分会. 康养旅游行业发展现状、存在问题及建议［EB/OL］.（2025-01-25）［2025-05-30］. 网易号，https：//www.163.com/dy/article/JMOM89V70514BTAB.html#.

济时代的典型特征——年轻群体追逐"人生高光时刻"的仪式感消费，银发人群则更看重"岁月静好"的疗愈型体验，共同勾勒出中国旅游消费的多元图谱。

政策东风正重塑中国旅游地理版图。政府持续加码的新基建投资，在西部广袤大地上编织起立体交通网，兰新高铁穿越河西走廊将敦煌壁画与现代文明串联。① 这些黄金脉络不仅实现"天堑变通途"的物理跨越，更催生"时空折叠"的奇妙效应——曾经闭塞的"秘境村落"，如今借力 5G 信号覆盖与县县通高速工程，正蜕变为数字游民的创意营地和都市人的疗愈驿站。②

2. 入境游市场将出现航班加密与签证便利化趋势

随着航班加密与签证便利化，未来五年入境游客有望恢复至 2020 年前的水平并稳步增长。新冠疫情对全球旅游业造成了严重冲击，但随着疫苗接种率的提高和各国防疫措施的有效实施，国际旅游市场正在逐步复苏。

为响应旅游市场复苏需求，主流航空公司正持续加密核心客源国至中国的直飞航线频次，战略性基础设施投入也在同步推进。例如成都双流机场、西安咸阳国际机场等关键枢纽的扩建工程，旨在显著提升其旅客吞吐量及中转效率，为国内外客流规模的双向增长奠定坚实的物理基础。③ 另外，中国通过实施系列化签证便利政策，有效降低了入境游的制度性交易成本与时间门槛，显著提升了目的地的可进入性与吸引力。④ 根据中国旅游研究院预测，2025 年入境游客的数量将逐渐恢复至 2020 年前的水平，并在此基础上实现稳步增长。

3. 出现数字技术与政策红利双重机遇

（1）数字技术。VR 以及 AI 数字技术的运用，赋能旅游业进行更创新、更前沿的创新实践。标杆实践案例如敦煌研究院推出的"数字藏经洞"项目，通过 VR 技术实现了文化遗产的高精度虚拟复原，为公众创造了前所未有的在场感

---

① 青藏高原首列高铁开行　兰新高速铁路全线通车［EB/OL］.（2024－12－26）［2025－05－30］. 新华网，http：//politics. people. com. cn/n/2014/1226/c70731-26283294. html.

② 刘坤. 综合交通网总里程突破 600 万公里，实现"县县通 5G、村村通宽带"——我国基础设施整体水平跨越式提升［EB/OL］.（2022－09－27）［2025－05－30］. 光明日报，https：//www. gov. cn/xinwen/2022-09/27/content_5712605. htm.

③ 田以丹. 从"扩容"到"提质"　新基建驱动城市发展引擎［EB/OL］.（2025－03－03）［2025－05－30］. 澎湃新闻·澎湃号·媒体，https：//www. thepaper. cn/newsDetail_forward_30291646.

④ 中国出入境游跑出复苏加速度［EB/OL］.（2024－02－23）［2025－02－24］. 人民日报海外版，http：//m. cnwest. com/szyw/a/2024/02/23/22356881. html.

体验。

（2）政策红利。政府所出台的一系列政策措施，旨在促进旅游业高质量发展。例如，《关于加快入境旅游高质量发展的若干措施》明确提出：要针对不同入境客源市场特点、不同入境游客群体特征，开展精准营销；《国内旅游提升计划（2023—2025年）》则强调要加强国内旅游的宣传推广。

此外，2023年3月，文化和旅游部办公厅发布《关于开展边境旅游试验区、跨境旅游合作区申报工作的通知》，以促进形成边境地区旅游的全新合作模式。边境旅游试验区是推动地方旅游业发展的一项重要举措，是支持边境地区开发开放的重大举措，是推进高水平对外开放、推动共建"一带一路"高质量发展的重要内容。边境地区通过探索跨境合作新模式，加强与邻国的文化交流，不仅可以丰富当地的旅游资源，还有助于促进区域经济一体化进程。

中国西部地区旅游业的市场前景广阔，既有来自国内市场的强劲需求支撑，也有潜力吸引大量国际游客。通过进一步研究发现，借助先进的数字技术和有利的政策环境，西部旅游业不仅能够克服当前面临的挑战，还能开辟出新的增长点，实现可持续发展。不过，不能忽视制约因素的影响，要实现可持续发展，还需要进一步完善旅游基础设施，提高服务质量，并针对不同类型的游客群体制定差异化的营销策略。

综上所述，无论是对于国内市场还是国际市场而言，中国西部地区旅游业都展现出了良好的发展前景。通过政府、企业的不断探索和创新，西部地区旅游业有望迎来更加光明的未来。

总体来看：中国国内旅游市场正处于快速发展阶段，预计未来将受益于消费升级和基础设施的不断完善。根据相关资料，2024年中国国内旅游收入较2019年增长了11%，创下历史新高。① 随着中国经济的持续增长和居民收入水平的提升，消费升级成为推动国内旅游市场发展的重要动力。消费者对旅游的需求不再局限于简单的观光游览，而是更加注重体验式旅游和个性化服务。这种趋势促使旅游景区和服务提供商不断升级产品和服务质量，以满足游客日益增长的需求。

① 智研咨询．中国旅游行业市场研究分析及投资前景评估报告［EB/OL］．（2024-09-08）［2025-02-23］．https：//www.chyxx.com/industry/1196919.html.

·94·

消费升级："Z世代"（即出生于1995～2009年的人群）和"银发族"（老年人群体）作为两个主要的消费力量，在旅游市场上表现出强劲的增长潜力。"Z世代"倾向于追求新鲜事物和独特体验，而"银发族"则更注重舒适度和健康养生。

预计未来十年内，中国西部地区旅游业将以每年8%～10%的速度增长，重庆、成都、西安等地的都市游，延安、遵义、泸定等地的红色旅游，云南、广西、内蒙古等地的边境游，新疆、甘肃、宁夏等地的沙漠游，青海和西藏等地的自驾游等旅游主题将翻开新的发展篇章，西部地区的数字旅游业将得到极大发展。通过探索跨境合作新模式，加强与邻国的文化交流，不仅可以丰富当地的旅游资源，还有助于促进区域经济一体化进程。

无论是国内游客市场还是入境游市场，都展现出了良好的发展前景。而借助数字技术的力量以及把握政策红利所带来的机会，将是未来旅游业持续繁荣的关键。中国西部地区旅游业的市场前景广阔，既有来自国内市场的强劲需求支撑，也有潜力吸引大量国际游客。然而，要实现可持续发展，还需要进一步完善旅游基础设施，提高服务质量，并针对不同类型的游客群体制定差异化的营销策略。通过不断探索和创新，西部地区旅游业才能建设成为区域数字支柱产业。

第六章　西部地区旅游业的发展战略

　　西部地区旅游业发展战略是具有全局性、长远性重大问题的谋划与决策引领，时间跨度是从 2025 年到 2035 年，即中国基本实现社会主义现代化目标的时间节点。远期发展战略展望到 2049 年，即中华人民共和国成立一百年时。它的内容包括未来十年内西部地区旅游业发展的指导原则、战略定位、发展目标、重点任务、发展新格局、实现发展目标的途径与重大举措等。

第一节　西部地区旅游业发展的指导原则与战略定位

　　西部地区旅游业发展是西部大开发的重要组成部分，是中国式现代化的实践，它的理论基础是习近平新时代中国特色社会主义思想，其指导思想是包含绿色、协调、创新、开放与共享的新发展理念，目的是高质量发展。

一、西部地区旅游业发展的指导原则

　　针对西部地区旅游业发展的现状，以及旅游业发展中存在的问题和长远发展，它应当坚持以下原则：

　　1. 市场需求导向与发挥资源优势相结合

　　西部地区有丰富的世界自然遗产与世界文化遗产，旅游资源具有多样性和比较优势，具有重大的历史文化价值与科学价值，但一些资源并不同时具有较大的旅游业发展价值。东部地区有一些省份并没有丰富的世界自然遗产与世界文化遗

产，但旅游业发展又快又好，其主要原因是坚持了"市场需求导向，无中生有创新"的原则和思路。西部一些区域强调发挥资源优势，这是对的，但却忽略了市场需求导向的主导作用。无论有无丰富的旅游资源，发挥旅游业都要以市场需求为导向。具有旅游资源优势比没有旅游资源优势具有更有利的条件和更大的潜力，因此要坚持市场需求导向与发挥资源优势相结合。

2. 生态优先与绿色发展相结合

"绿水青山就是金山银山"。西部地区的绿水青山越多，保护越好，其旅游绿色发展的空间和潜力也就越大。在西部地区的旅游业发展中，要严守生态保护红线、永久基本农田、城镇开发边界三条红线，将经济效益与生态效益和社会效益统一起来。

3. 科技引领与创新驱动相结合

在新时代，充分利用数字技术改造、提升西部地区传统旅游业就体现了科技引领其发展的趋势。在科技引领的过程中，不但有技术创新，还有制度创新、管理创新、业态创新、政策创新等，各种创新的合力不仅会大力促进新技术在西部地区旅游业发展中的运用，还会促进西部地区旅游新格局的形成，以及新业态和新模式的产生。

4. 重点开发与有序推进相结合

西部地区的每一个省区市都有丰富的旅游资源，甚至每一个市县都有旅游资源和发展旅游经济的愿望。旅游业是一个充满竞争的市场，各种资本都能进入而且中小旅游从业者成千上万。如果盲目跟风、遍地开花，造成同质化，会产生巨大的损失和环境破坏。因此，西部地区的旅游业发展必须有科学的规划，坚持重点开发与有序推进相结合的原则。在旅游规划中，应充分运用数字技术，将旅游发展规划与生态建设规划，解决民生问题与乡村振兴密切结合起来。

二、西部地区旅游业发展的战略定位

西部地区旅游业发展的战略定位是其在区域和全国经济社会中的地位、功能与作用的总体表达。西部各省区市的旅游业在各省区市的区域发展战略中有其战略定位，在全国经济社会总体发展中也有其战略定位。

1. 具有国际竞争力的西部优势产业和区域支柱产业

中国是一个拥有五千多年悠久文明、地域广大、民族众多、旅游资源和人类文明遗产丰富的旅游大国，完全有条件建设成为世界旅游业强国。西部地区的现代旅游业是中国未来现代旅游业的重要组成部分，是中国建设世界旅游强国的区域支柱产业，并发挥着强大的支撑作用。

2. 新时代西部地区产业发展的新增长极和生长点

建设西部地区数字旅游支柱产业具有很强的产业连带效应，它能够直接带动交通运输业、餐饮业、酒店业、商业、演出业等服务业的发展，为中国电子信息产业和人工智能的发展提供大数据和各类需求，在乡村振兴和就业问题中发挥重大作用。

3. 世界级旅游目的地

建设世界旅游强国就要大力发展入境旅游、边境旅游，吸引大量的世界各国游客到西部地区旅游和购物。西部地区旅游资源种类丰富，建成数字旅游支柱产业后，能够满足世界各国人民的多样化、多层次需求，成为世界级旅游胜地和旅游目的地。

第二节　西部地区旅游业的发展目标

本书认为，产业发展的战略地位是该产业在区域或全国经济社会发展中的地位、功能与作用的总体表述，是方向性引领，而发展目标则是一定时期内体现其地位、功能和作用发挥程度的阶段性任务，是在激烈的国际竞争中所要达到的经济规模和市场影响力。

GDP 是体现经济实力、产业规模、核心竞争力和市场影响力的综合性核心指标。本书将西部各省份 2035 年时的 GDP 总量作为区域经济发展目标，将占区域经济总量 10% 以上的产业确定为区域支柱产业。

如何确定 2035 年时西部各省份所达到的 GDP 总量呢？一般有两种方法：一种是基数预测法，即以西部各省份 2000 年的 GDP 为基数，利用 2000 年至 2024

年期间各省份的 GDP 数据,通过一元回归模型预测西部各省份 2035 年将达到的 GDP 总量目标。这种方法的好处是,2000~2024 年西部各省份的 GDP 数据通过历年《中国统计年鉴》和政府公报就能取得。但一元回归模型的基本假定是因变量与自变量之间存在线性关系,当自变量发生变化时,因变量的变化不出现拐点,不会随着自变量的变化而突然加速或减速。但 2000~2024 年,中国经济发展经历了较大转变,即从高速度发展向具有较高速度的高质量发展转变,在未来还会有很多不确定因素。因此,这种方法不符合线性增长的假定,预测结果很难科学地反映西部地区未来发展的趋势。所以,本书舍去这种方法。另一种是目标导向法,即以西部地区 2035 年时的人口总数和人均 GDP 来测算其 GDP 总量。中国已经庄严宣布:到 2035 年时基本实现社会主义现代化,进入中等发达国家行列。2020 年,中共中央、国务院发布的《关于新时代推进西部大开发形成新格局的指导意见》明确要求:到 2035 年,西部地区基本实现社会主义现代化,基本公共服务、基础设施通达程度、人民生活水平与东部地区大体相当。按照上述要求,西部各省份到 2035 年时,其经济发展水平和实力与东部的发展差距会很小,总体上会达到中等发达国家标准。

第三节 建设西部地区的世界级旅游目的地

建设一批世界级旅游目的地是培育区域旅游支柱产业的需要,是建设旅游强国的必然要求,也是西部旅游发展战略中的主要任务之一。所谓世界级旅游目的地是指在世界范围内具有广泛国际知名度、巨大旅游吸引力、旅游经济高度发达的旅游目的地。这一目的地可以是一个国家,也可以是某个国家内的某个省区、某个城市或者某个国际知名景区。世界级旅游目的地具有以下特点:

（1）在国际上具有广泛知名度和巨大旅游吸引力,具有享誉世界的旅游景观。

（2）境外游客数量在国内外旅游客总数量中占有较高比重,其绝对量处于世界旅游强国境外入境游客数前列。

（3）旅游业是当地的支柱产业或主导产业。

（4）具有世界一流的旅游服务设施、生态环境和社会治安环境。

（5）旅游服务系统中的科技含量高，在旅游品牌塑造、营销、出行、体验等方面已建成完整的数字服务系统。

建设世界级旅游目的地需要具有优势的旅游资源、便捷的现代交通、发达并完善的旅游服务基础，以及先进的数字技术支撑系统、良好的生态环境与社会环境，具有能与境外游客交流与沟通的专门旅游业服务人才和开放的制度与政策体系。

从上述条件综合分析，在 2035 年前后，西部地区最有可能、最有条件建成的世界级旅游目的地是四川、陕西、重庆和云南四省市，其他省份将在国内著名旅游目的地的基础上进一步向世界级目的地建设方向发展。

一、四川具有建设世界级旅游目的地的良好基础和条件

（1）四川具有丰富的自然遗产、文化遗产、非物质文化遗产，九寨沟、黄龙沟、峨眉山—乐山大佛景观、青城山—都江堰景观、三星堆遗址等物质文化遗产以及川剧变脸等非物质文化遗产享誉中外，都市旅游、县域旅游和乡村旅游分布广泛，能满足不同层次的游客需求，上述旅游资源具有深度开发的巨大潜力。

（2）到 2023 年，四川省已建成 A 级景区的数量为 867 处，其中 AAAAA 级景区为 16 处。从全国来看，该省 A 级景区数量处于前列。从 A 级景区接待游客的数量来看，2022 年四川接待游客 1.9 亿人次，占全国 26.33 亿人次的 7.2%；其 A 级景区旅游收入为 23.21 亿元，占全国 A 级景区旅游总收入 336.42 亿元的 6.9%。[①]

（3）四川已建成便捷的现代交通网。形成世界级旅游目的地需要便捷、完善的现代交通网。从航空方面来看，成都是全国十大航空枢纽之一，包括双流国际机场和天府国际机场。到 2024 年底，其旅客吞吐量已实现年 8000 万人次。在 2025 年 2 月投入使用的天府国际机场能为 143 个国家和地区的入境旅客提供 50 种语言的面对面翻译服务，极大地方便了入境外国游客与工作人员之间的交流与

---

① 资料来源：《中国文化文物和旅游统计年鉴 2023》，国家图书馆出版社 2023 年版。

沟通，提高了通关效率，有利于国际游客到四川旅游。四川的高铁四通八达，联结了全国 31 个省区市和省内的大部分地级市与重要县城。建设中的川藏铁路线将成都和拉萨直接联结起来，便于国内外游客到青藏高原旅游。川藏铁路雅安段已于 2018 年 12 月 28 日开通运营；四川雅安至西藏林芝段已于 2020 年 11 月开工建设；西藏林芝段至拉萨段也于 2020 年 11 月开工建设，预计川藏铁路将在 2030 年前实现全线贯通并运营。届时，从成都出发经青藏高原再回到四川的高铁将形成旅游客运大环线。到 2024 年四川的高速公路网的通车总里程已达到 10310 千米，全省通高速公路的县达到 149 个，形成了 34 条出川公路大通道，联通了所有 A 级景区。便捷的现代交通为把四川建成为世界级旅游目的地创造了良好的物质条件。①

（4）四川已建成在西部地区领先的电子信息产业，拥有以数字技术改造、提升传统旅游业、实现旅游业转型升级的产业基础。

（5）四川具有培育旅游专门人才的基础和能力。截至 2023 年 6 月底，全国共有 3072 所高等学校，其中普通高等学校 2820 所，四川的普通高等学校为 137 所。在四川的普通高校中，已建成四川旅游学院和成都旅游学院两所本科公办高校，许多高校都开设了旅游专业。西部地区未来对旅游专门人才的需求量很大，四川的这一教育优势有助于解决西部旅游人才的供需矛盾。②

（6）2024 年全国县域旅游综合实力百强县中四川省占 13 席，在西部地区位居第一，全国位居第二。县域旅游有利于促进当地经济发展，增加就业机会，也有利于推动中小城镇现代化和乡村振兴。③

（7）四川已拥有较大接待外国游客的能力。2024 年，成都举办了世界大学生夏季运动会，这是继 2001 年北京大运会和 2011 年的深圳大运会之后，中国大陆举办的第三次世界大学生运动会。在成都举办的世界大学生运动会期间，共接待了 113 个国家和地区的 6500 名运动员，还有很多国内外新闻媒体人员和游客。2024 年 1 月至 11 月，成都市累计接待入境游客 147.2 亿万人次，其中入境外国游客为 101.7 万人次。它表明：成都有较大的外国游客接待能力

① 四川省人民政府网于 2021 年 10 月 29 日发布的《四川省"十四五"综合交通运输发展规划》和《中国教育统计年鉴 2023》。

②③ 资料来源：四川日报川观新闻于 2024 年 6 月 21 日发布。

和输送能力。①

（8）四川拥有较强的经济实力和较大的经济规模，2024 年的 GDP 已达 6.47 万亿元。较大的财政投入能够支持旅游业的基础设施建设，巨大的人口数量又从需求方面支持了省内旅游业的发展。

上述方面的优势与条件使四川有望在 2035 年前后率先建成世界级旅游目的地。

二、陕西建成世界级旅游目的地的优势和条件

陕西拥有的世界文化遗产分别是秦始皇陵兵马俑、中国长城——陕西段，丝绸之路张骞墓、丝绸之路——唐大明宫遗址、丝绸之路——大雁塔、丝绸之路——小雁塔、丝绸之路——兴教寺塔、丝绸之路——彬县大佛寺。在上述世界文化遗产中，秦始皇陵兵马俑国际知名度极高，享有世界声誉。自 1979 年 10 月 1 日正式开馆到 2020 年 1 月，共接待海内外观众达 8000 万人次，其中接待外国国家元首、政府首脑 187 批，副总统、副总理和议长 506 批，部长级客人 1852 批。由此可见其品位之高、影响之大。除了联合国教科文组织认定的世界文化遗产之外，还有黄帝陵、延安红色旅游景区、秦直道、现代的大唐芙蓉园等知名度极高的国内外旅游胜地。陕西的旅游资源既展示了中华文明的辉煌历史，又展示了中华文明的光辉未来，是建成世界级旅游目的地的最主要条件。

（1）到 2022 年底，陕西已建成 A 级景区 540 处，其中 AAAAA 级景区 12 处。②

（2）陕西已建成便捷的现代交通运输网。西安国际机场是全国十大航空枢纽之一。截至 2024 年 11 月，在西安国际机场运营的国内外航空公司已达 22 家，开通国家客运航线 42 条，通达亚洲、欧洲、北美洲的 22 个国家的 39 个城市。2024 年 1~11 月，西安国际机场累计保障国际航班 1.05 万架次，旅客吞吐量达 118.2 万人。2025 年 2 月 20 日，西安咸阳国际机场 T5 航站楼正式启用。这座建筑总面积 70.55 万平方米的超级建筑标志着西安的国际航空枢纽地位得到加强，

---

① 第三十一届世界大学生夏季运动会在成都圆满闭幕 [EB/OL]. (2023-08-09) [2025-02-28]. 中国政府网，https://www.gov.cn/yaowen/liebiao/202308/content_6897354.htm.

② 资料来源：《中国文化文物和旅游统计年鉴 2023》，国家图书馆出版社 2023 年版。

西安正加速从"航空港"向"全球资源配置节点"转型，为陕西和西北地区的入境游注入了新功能。陕西的高铁联结西北、华北、西南、华中地区，处于名副其实的中枢地位，优势突出。陕西的高速公路通车里程已超过6000千米，形成了以西安为中心的"米"字形路网。上述航空、高铁、高速公路的发展为陕西旅游业的加速发展打下了良好的交通基础。[①]

（3）截至2022年底，陕西拥有321家博物馆和60个公立艺术表演场馆。[②]

（4）陕西的电子信息产业在西部地区处于优势地位，为用数字信息技术改造提升传统旅游业提供了良好的产业支撑基础。2022年，陕西经国家认定的动漫企业为11家。[③]

（5）陕西的GDP规模较大，较强的经济实力使陕西对旅游业的发展能够提供较大的财政投入和支持。

（6）陕西自2014年以来，已成功举办了七届西安锦绣之路国际旅游博览会，拥有接待大批国际游客的能力和发展国际旅游的信息与经验。

（7）西安不仅是国家历史文化名城，而且是国家重要科研和文教中心。2025年1月17日，国务院正式批复了《西安市国土空间总体规划（2021—2035年）》，明确提出西安是"国家重要科研和文教中心"。这一定位将促进西安为西部地区和全国培养更多创新人才，为陕西旅游业发展提供人才支撑和保障基础。

上述优势和条件将促进陕西在2035年左右建成世界级旅游目的地。

三、重庆建成世界级旅游目的地的优势和条件

重庆建成世界级旅游目的地有如下条件和优势：

（1）重庆拥有丰富的旅游资源优势。截至2024年末，重庆拥有1处世界文化遗产和3处跨地区联合申报的世界自然遗产，53项国家级非物质文化遗产。重庆的世界文化遗产是大足石刻，包括宝顶山、北山、南山、石门山和石篆山五处摩崖造像，其千年观音像和卧佛像在国内外享有极大知名度和极高声誉，是中

---

① 陕西交通网，中国民航局地区新闻，2024-12-11.

②③ 资料来源：《中国文化文物和旅游统计年鉴2023》，国家图书馆出版社2023年版。

国晚期石刻的艺术高峰。重庆的世界自然遗产分别是武隆的喀斯特地貌，包括天坑、地缝和天生三桥等奇特自然景观；南川金佛山的原始森林；作为神农架遗产组成部分的巫山五里坡。重庆的非物质文化遗产包括传统音乐、舞蹈、戏剧、杂技、美术、医药等多个领域。① 可见，重庆旅游资源的优势主要体现在世界遗产、山城大都市旅游和独一无二的长江三峡三个方面。

（2）重庆已建成 272 处 A 级景区和 11 处 AAAAA 级景区。②

（3）重庆已建成较为完整的现代交通体系。重庆航空机场是全国十大国际航空枢纽之一，截至 2024 年，已开通 72 条国际航线、156 条国内航线。重庆的第二国际机场已于 2023 年获得中国民航批复，选址位于重庆璧山区，预计在2030 年建成。此外，还建有万州五桥机场、黔江武陵山机场、巫山机场、武隆仙女山机场等 4C 级民用支线机场。截至 2022 年 9 月，重庆高铁营业里程已达753 千米。根据《重庆市中长期铁路网规划（2016-2030 年）》，到 2030 年，重庆路网总规模将达到 5805 千米，构建起连通欧亚、通达全国的铁路大通道。在中国改革开放史上，中欧班列和西部陆海新通道都是在国家支持和引导下由重庆首先发起并开通的国际大通道。

重庆的高速公路网已通达区域内所有区和县。农村公路面积密度位居西部第一。与西部其他省区相比，重庆的交通优势在于具有长江水运方式，内河航运位居全国第一，万吨级轮船能直达重庆，形成陆、江、海联运。重庆便捷的现代化交通体系为建设旅游支柱产业创造了极为有利的条件。

（4）重庆的电子信息产业是其支柱产业，在西部和全国具有重要地位，它为运用电子信息技术改造旅游业等传统产业提供了产业技术支撑和人才支撑。2022 年，重庆经国家认定的动漫企业的从业人数居西部各省区第一名。③

（5）重庆市人均 GDP 在 2023 年为 93815 元，2024 年为 100887 元，较强的经济实力和较高的人均 GDP 与人均收入将从供给和需求两方面推动旅游业的加速发展。④

---

① 中国政府网于 2024 年 8 月 28 日公布中国 59 项世界遗产名录，其中重庆的大足石刻是世界文化遗产，重庆巫山的五里坡是湖北神农架世界自然遗产的一部分，重庆武隆的天坑、地缝、天生三桥是中国南方喀斯特世界遗产的重要组成部分。重庆的非物质文化遗产来源于重庆市文化和旅游发展委员会官网。

②③ 资料来源：《中国文化文物和旅游统计年鉴 2023》，国家图书馆出版社 2023 年版。

④ 资料来源：《重庆市人民政府工作报告（2025 年）》。

（6）2024 年在重庆举办了国际旅行商大会和中国·重庆第二届国际光影艺术节。这些国际活动不但展现了重庆的国际游客接待能力，也直接助推了旅游业的快速发展。

（7）重庆位于共建"一带一路"和长江经济带的接合部位，其北接西安、兰州，南通昆明、贵阳，西通成都，东达武汉，处于中西部大都市的腹心地位，乘高铁到周围大都市均在 3 小时内，发展旅游业极具区位优势。

（8）重庆自 1891 年开埠，在西部的对外开放历史较早，在抗战时期又是位居大后方的中心城市。这种历史发展轨迹使其有能力、有经验接纳大批外国游客，加速入境旅游的发展，早日建成为世界级旅游目的地。

四、云南建成世界级旅游目的地的优势和条件

（1）云南拥有丰富的世界遗产、少数民族文化旅游资源与热带风光。云南的世界遗产有 6 处，包括 3 项世界自然遗产和 3 项世界文化遗产，它们分别是三江并流保护区、路南石林、澄江化石地、丽江古城、红河哈尼梯田、景迈山古茶林。云南的少数民族非物质文化遗产丰富多彩，涵盖了音乐、舞蹈、工艺、民俗等多个领域，例如芦笙、傣族孔雀舞、彝族火把节、傈僳族刀杆节、白族扎染技艺、建水紫陶烧制技艺、玉溪花灯戏、布朗族蜂桶鼓舞等。云南的热带风光在中国少有，西双版纳热带雨林、基诺山寨、打洛森林公园、失落佛国、沙河小镇等各具热带特色，云南的热带风光既展示了自然风光的多样性，又展示了人文景观的多样性。云南的旅游资源具有很大的区域比较优势。

（2）云南已建成 562 处 A 级景区，其中 AAAAA 级景区有 9 处。[①]

（3）云南已建成便捷的现代交通体系。根据云南交通运输厅官网，云南昆明的国际机场不仅是国际航空枢纽，还是中国两大国家门户枢纽机场之一。2024 年，昆明国际机场的旅客吞吐量达到了 4717.8 万人次，航班起降次数达到了 32.9 万架次。同年，其出入境人数达到了 28.9 万人次。云南的高铁在中国的高铁路网中具有特殊的功能和意义，发挥着连接东南亚的作用。2021 年12 月 3 日，中老铁路开通运行。中老铁路北起中国昆明、南达老挝首都万象，

---

① 资料来源：《中国文化文物和旅游统计年鉴 2023》，国家图书馆出版社 2023 年版。

是一条重要的国际交通大动脉。云南的高速公路网十分发达，截至 2024 年末，云南省高速公路通车里程接近 1.5 万千米。在水运方面，澜沧江—湄公河经中国、老挝、缅甸、泰国、柬埔寨和越南，在胡志明市流入南海，是一条重要的国际水运航道。云南的现代交通运输网优势对于云南建设世界级旅游目的地具有重大推动作用。

（4）到 2022 年底，云南已建成 178 个博物馆，建立 284 个艺术表演团体。[①]

（5）到 2022 年底，云南已有的旅行社数量为 1327 家，从业人数 9936 人，旅行社数量和从业人数均居西部第一。

（6）云南具有发展入境旅游、接待大批外国游客的接待能力和经验。早在 1999 年 5 月 1 日至 10 月 31 日，在昆明举办了中国 99 昆明世界园艺博览会，为期 184 天。除世博会外，昆明还举办过多届昆交会。这是集经贸洽谈、商品展览、投资合作、服务贸易等内容于一体的国际商务平台，到会国家和游客众多。

（7）中老铁路开通与西双版纳入境免签政策的实施掀起了东南亚游客到西双版纳旅游的热潮。

（8）云南邻接人口众多的东南亚和南亚多国，气候基本相同，历史文化联系紧密，随着中国日益进步和强大，将会对邻近地区的各国人民产生巨大的吸引力，产生来中国旅游的需求，云南则是最便捷的旅游目的地。

到 2035 年前后，西部的四川、陕西、重庆、云南四省市将有条件率先形成世界级旅游目的地，把旅游业建设成为区域支柱产业。其余西部省区将相继形成新型特色旅游区，在此基础上进一步发展成为区域支柱产业或世界级旅游目的地。

第四节　西部地区的新型特色旅游区

西部地区旅游业的发展战略应当遵循客观规律，将市场主导与政府培育有机

---

① 资料来源：《中国文化文物和旅游统计年鉴 2023》，国家图书馆出版社 2023 年版。

结合，根据各地旅游业发展条件，实事求是，分类引导，有序推进，分为两步走：第一步将具有显著发展优势与条件的省份建设成为世界级旅游目的地并培育成有较强国内外市场竞争力的区域支柱产业，将其他省份的旅游业培育成为优势特色旅游区。第二步是将已形成的世界级旅游目的地的区域旅游支柱产业做大做强，在世界旅游业中占有重要地位；将具有优势特色旅游业的地区进一步发展成为世界级旅游目的地或形成有较强国际竞争力的旅游产业集团。

发展旅游业毕竟是一项具有强烈竞争性的经济活动，它可以在一个省区内推动其发展战略的实施，也可以打破区域行政区划的界限，通过协作与合作来实现其发展目标。未来十年内，西部地区将有可能形成以下优势特色旅游区：

一、青藏优势特色旅游区

这一区域在范围上包括西藏和青海两省区，具有下列特点：

（1）都位于青藏高原上，地貌特点相似，都是以雪山、高原、湖泊、湿地等自然风光为主。

（2）历史文化遗产都以藏族佛教文化为主，是汉藏文化交融区。

（3）地广人稀，大城市人少，中小城市人也少。

（4）旅游接待能力有限，现代化旅游设施相对不足。

（5）旅游高峰具有明显的季节性，夏季游客较多，冬季游客较少。

青藏高原的自然风光雄奇瑰丽，藏族文化独具优势与特点，无可替代，对于自驾游群体、青年大学生群体、探险者、藏文化爱好者等具有巨大吸引力。随着中国经济的发展和世界经济的复苏，到青藏高原旅游的国内外游客会越来越多，因此，应采取下列措施推动其形成优势特色旅游区。

（1）根据其特点，通过协作与合作形式对旅游资源进行统一规划和保护。

（2）对游客集散具有重要意义的大中小城市和小镇，完善其现代服务功能，加快建设现代旅游设施。

（3）在自驾游较多的高速公路沿线建设一批包括食品、饮水、常用药品、避寒衣被等商品的综合服务站点，可以通过无人售货设备服务。

（4）在大中小城市和重要城镇，建立无人机服务基地，发展无人机快递、救援、低空游览等服务。

（5）在川藏铁路完工并运行后，开通从成都或其他城市出发的高铁环线旅游专列，增加游客数量。

二、新甘宁优势特色旅游区

这一区域包括新疆、甘肃、宁夏三省区，具有下列特点：

（1）都处于西北大陆性气候区域，都有绿洲、草原、沙漠、戈壁、胡杨林等自然景观，地貌类型和地理景观具有相似性。

（2）都处于丝绸之路上，历史文化都游古国、古城遗址。

（3）是东西方文化的交汇与融合区，具有多民族、多宗教特点。

（4）地广人稀，大中小城市现代化程度不如东部地区，旅游基础设施不足。

（5）与青藏高原优势特色旅游区类似，旅游具有明显的季节性，夏季旅游是旺季，冬季旅游是淡季。

新甘宁优势特色旅游区处于古丝绸之路上，历史上与中亚、中东的各国人民和阿拉伯文化联系紧密，现代的中国高铁和中欧班列又拉近了欧洲、中东、中亚与这一区域的距离，密切了经贸关系。随着中国的发展和崛起，到中国的欧洲、中东、中亚游客会越来越多，因此应采取措施加快建设使其成为优势特色旅游区。

（1）通过协作与合作对新甘宁优势特色旅游区进行统一规划，分区建设和运营。

（2）新甘宁高铁沿线、丝绸之路沿线的节点城市加快完善旅游基础设施建设。

（3）将旅游与商贸密切结合起来，在高铁站点城市建立大型综合商场，为国内外游客提供购买新甘宁民族特色产品的大型商业场所。

（4）建设无人机基地，提供无人机快递、观光、救援等服务。

（5）待条件成熟时，开通由乌鲁木齐、兰州、银川出发的国际旅游专列。

三、内蒙古优势特色旅游区

内蒙古优势特色旅游区具有以下优势和特点：

（1）拥有呼伦贝尔大草原、锡林郭勒大草原、科尔沁草原、乌兰布统草原、辉腾锡勒草原和鄂尔多斯草原六大草原。呼伦贝尔草原是世界四大草原之一，也是欧亚大陆上最美的草原。广阔的草原、美丽的蓝天、奔驰的骏马、清澈的河流构成了一幅壮丽的画卷。

（2）位于内蒙古满洲里市的中俄边境旅游区融合了中俄蒙三国的建筑与文化风情。

（3）离北京、天津和东北等经济发达区和人口密集区较近，便于人们就近旅游。

（4）内蒙古人均 GDP 较高，2023 年为 102562 元，2024 年为 109827 元。较高的人均 GDP 表明该区经济在西部地区处于领先水平，有较多的财政收入支持旅游基础设施建设，人们也有较多的收入发展民营旅游经济。[①]

（5）内蒙古东西部跨度很大，相距 2000 多千米。在联结东中西部地区的高速公路上缺少综合性商业服务站点。

草原旅游和边境旅游是其优势和特点，旅游人数也会逐年剧增，因此，应加速建设优势特色旅游区：

（1）在满洲里中俄边境旅游区将旅游、购物、商贸结合起来。

（2）在联结内蒙古的东西高速路上建设一批综合性服务站点，提供饮食、饮水、药品和衣物等综合性服务。

（3）建设无人机基地，提供无人机快递、观光、救援等服务。

（4）引导牧民对蒙古包进行现代化服务功能提升，满足不同群体游客的特殊需求。

（5）将骑马、射箭、歌舞等节庆活动与旅游结合起来，提供沉浸式体验场馆。

---

① 资料来源：内蒙古自治区 2024 年和 2025 年政府工作报告。

四、贵州优势特色旅游区

该区具有下列优势和特点：

（1）贵州有丰富的旅游资源，除了梵净山、云台山、赤水月霞地貌、荔波喀斯特地貌、海龙屯土司遗址等世界遗产之外，还有安顺的黄果树大瀑布、龙宫、百里杜鹃、苗寨等景观和侗族大歌、苗族古歌、水族马尾绣等著名国家级非物质文化遗产。贵州的旅游以自然风光游和民族风情游为其优势与特色，自然风光以喀斯特景观为主。

（2）贵州具有发展旅游业的电力优势，声、光、电结合能够塑造壮美的旅游环境，打造奇异的旅游景区。贵州电力优势主要体现在丰富的电力资源、高效的电网建设和储能技术方面。贵州的水电装机容量和太阳能发电均处于全国前列。

（3）贵州一年四季均能够旅游，而青藏优势特色旅游区和新甘宁优势特色旅游区的旅游活动受制于气候影响，季节性特征明显。贵州虽然有丰富的旅游资源优势，但将资源优势转化成区域经济优势还需要经济发展水平的提高和经济实力的增强。

贵州就近旅游、都市旅游需求不足，基础设施供应也不足，其建设优势特色旅游区宜采取下列措施：

（1）加速发展贵州经济发展中的产业升级步伐，努力提高人均收入水平，扩大旅游需求规模和提高现代服务供应水平。

（2）将声、光、电技术充分运用到旅游景区的环境改造中，充分运用数字技术改造提升传统旅游业。2022年，贵州的动漫企业一家还没有，应当通过政策支持加强动漫企业的发展。

（3）贵州的夏季气候温凉宜人，而邻近贵州的重庆、湖南、四川南部和湖北均处于高热区域。因此，贵州宜将观光旅游与度假旅游、夏令营、体验旅游结合起来。

贵州处于西部陆海新通道的重要路段，交通条件便捷，自然风光和民族风情独特，旅游业潜力巨大，很有条件成为第二梯队的世界级旅游目的地。

五、广西优势特色旅游区

广西优势特色旅游区有下列优势和特点：

（1）具有丰富的世界遗产，这些世界遗产包括崇左市左江花山岩画文化景观、桂林—环江喀斯特地貌、桂林龙胜梯田、桂林兴安县灵渠、百色市乐业—凤山世界地质公园、北海山口红树林等。

（2）拥有众多的国家级非物质文化遗产，主要展示了壮族的历史文化与民族风情。

（3）未来的海滨旅游和江河旅游具有巨大的发展潜力。广西是西部12个省份中唯一临海的区域，广西北海等地拥有极为优质的海岸沙滩和红树林景观；广西北部湾是西部陆海新通道的陆上终点地。正在建设的平陆运河是西江干流与北部湾的江海连通工程，该工程起于横州市西津库区平塘江口，经钦州市灵山县陆屋镇沿钦江进入北部湾，可通行 5000 吨级船舶，全长 134.2 千米。平陆运河建成后，有利于西江旅游和海滨旅游结合起来，促进西江沿岸景区和北部湾海滨景区的建设，为把广西建设成优势特色旅游区提供巨大的发展机遇。

（4）广西与越南山水相连，有利于发展边境旅游。

（5）广西举办过多次中国—东盟经济合作国际会议，与东盟各国经济贸易往来密切，有利于吸引东南亚游客到广西旅游。

从广西未来现代旅游业发展的趋势看，应当采取下列战略措施：

（1）以电子信息技术改造提升现有的世界遗产景区，推动数字旅游业加速发展。

（2）对北部湾海滨城市建设进行规划调整，建设海滨旅游城市，打造 A 级滨海景区。

（3）规划建设西江沿岸重要旅游城市。

（4）发展邮轮旅游。

（5）加强与东盟各国旅游企业的合作，吸引更多东南亚游客到广西来旅游。

（6）提高广西的人均 GDP 水平，缩小与西部地区和全国经济发达地区的差距，壮大旅游业发展的经济基础。

广西极有条件在西部地区优先建成优势特色旅游区，并在此基础上发展成为世界级旅游目的地。

第七章　西部地区数字旅游业的
基础设施建设

在社会经济发展进程中，旅游业日益成为我国新兴的战略性支柱产业。从产业经济学视角来看，其产业关联性强，通过"旅游乘数效应"，在拉动内需、促进就业、带动相关产业协同发展等方面成效显著。在区域经济发展中，旅游产业早已成为推动地区经济结构优化升级的关键力量。作为我国国民经济的战略性支柱产业之一，旅游业目前正处于数字化转型和迈向高质量发展的关键时期（陈曦等，2023）。《"十四五"旅游业发展规划》明确指出，要充分利用大数据、云计算、物联网、区块链等信息技术，推动创新成果更好更快转化，深化"互联网+旅游"的发展模式。提升旅游产品质量、优化旅游服务供给、增强游客旅游体验感、改善生态环境等成为大数据时代旅游产业转型升级势必要解决的问题。

我国西部地区包含四川、重庆、云南、西藏和新疆等12个省份，不同的气候条件、文化背景和生活习惯孕育出了丰富多彩的旅游资源。在资源方面，西部地区拥有丰富多彩的自然景观，如青藏高原壮丽的雪山、新疆辽阔无边的戈壁、九寨沟奇幻多彩的水体，独特的地质地貌形成差异化的旅游吸引物。西部地区多民族聚居，各民族独具特色且差异化的民俗文化、传统技艺、传统节庆等构成了厚重的文化资源。这些资源在全国范围内具有与众不同的异质性与垄断性。然而，西部地区和东部发达地区相比，旅游基础建设还不够完善，在旅游人次和旅游收入上，西部地区受限于经济基础、地形条件、市场理念等多重因素，长期存在基础生活设施差、生态环境敏感、营销手段单一等问题。

基础设施是社会赖以生存和发展的基本条件。世界银行认为，基础设施即使不能被称为牵动经济活动的"火车头"，也是促进经济发展的"车轮"。在旅游业中，基础设施依然是产业发展的基石，对产业效率发挥着重要作用。在新一轮的智能革命浪潮下，全国各地的旅游业也搭上了科技的快车，迈向数字化、智能化和网络化。由于西部地区基础设施建设难度较大，构建与旅游市场需求相适应的现代旅游体系的瓶颈制约依然没有从根本上消除。因此，要大力推进西部地区的数字旅游业基础设施建设，以5G、大数据、云计算等核心技术为依托，提升数字技术的可用性，充分发挥数字技术的溢出效应，全面提升西部地区基础设施和生活设施的数量和效能。

基础设施主要包括生活基础设施、交通基础设施、能源基础设施、通信基础设施、城市基础设施等与人民生活息息相关的市政公共事业（张军等，2007）。对于数字旅游业而言，基础设施建设是数字旅游业得以发展的前提。在消费者看来，在旅游的过程中，基础设施的好坏会直接影响游览的感受，如果旅游者在旅游过程中没有得到便利的服务，旅游体验就会相对较差，很难激起旅游者重游的欲望（卢芳冰，2020）。基于此，笔者将数字旅游业的基础设施建设大致分为生活设施建设、生态环境建设、营销设施建设和产业基础设施建设四个部分。

1. 生活设施建设

生活设施建设是指为满足人们生产、生活所需的各种设施的建设和改进，即生活设施和生活服务设施的建设与完善，包括住房设施、给水设施、排水设施、供电设施、通信设施、道路设施、商贸设施、教育设施、卫生医疗设施、文娱设施等。完善的生活设施建设可以提高居民的生活质量和便利程度，保证人们基本的生活需求，是促进社会经济发展、增进社区凝聚力、推动城市发展、支持城镇化可持续发展的重要环节，是反映一个地区或城市发展水平以及文明程度的标志，直接关系到人们的切身利益。

2. 生态环境建设

生态环境建设是致力于维护与优化自然生态系统的综合性行动。它要解决的是"人与自然、人与生态系统间关系"的问题。一方面，生态环境建设要在恢复生态系统生态功能的基础上，通过建设如森林、草原等山林绿化、湿地建设、水土流失防治及治沙、农村荒漠化防治、自然保护及生态工程等，来提升生态系统的自我调节和修复功能，夯实生态安全、生态良好屏障的基础。另一方面，严格管控污染排放，推进工业、农业、生活领域的绿色转型，减少对空气、水、土壤的污染，改善环境质量。生态环境建设不仅关乎当下的宜居性，更是为子孙后代留存可持续发展的宝贵资源，是实现人与自然和谐共生的必由之路。

3. 营销设施建设

营销设施建设是企业为实现产品或服务的有效推广，构建全面营销体系的关键举措。营销设施包括线上建设、线下建设。线上建设能够完成一个功能丰富的公司官方网站，对 SEO 排名，Facebook、微信公众号的运营通过视频或者文字进行网络内容传播与互动营销，以及建立公司平台，开通线上销售以及服务通道，优化客户平台营销体验。线下建设包括具有品牌形象的销售网点，销售网点不仅应包括店面选址、装修、产品陈列，也是客户全方位了解产品、产生购物冲动的场景建设，并提供包括折扣、会员积分以及其他促销奖励方式在内的与客户交互的机会，能够优化客户服务的销售网点；网点的销售是能够接近客户的实际渠道，与客户线上交流也需要进行实物接触和体验。

4. 产业基础设施建设

产业基础设施是指在产业发展中能够为各行各业发展服务的通用基础设施，不仅西部旅游业发展需要，其他行业发展也需要，包括水、电、气的供应设施，新能源汽车充电桩设施，5G 基站设施，互联网设施等内容。在西部地区旅游业发展中，随着国内外旅游人数的快速增长，对水、电、气的需求也会快速增长。

第一节　西部地区数字旅游业的生活设施建设

生活设施建设作为基础设施建设的重要部分，不仅是人们日常生活不可或缺的组成部分，更是影响旅游业发展的关键因素。旅游生活设施是为便利参与旅游的行为主体的基本生活和服务而建设的，由交通设施、服务设施等构成的设施系统，其中包括住、食、行、游等领域，是旅游地吸引游客的重要条件和提升游客满意度的核心支撑。

一、西部地区数字旅游业生活设施建设现状分析

（一）住宿设施

1. 酒店设施

尽管西北地区的超级 IP 如火如荼地崛起，但区域环线的住店建设刚刚起步。根据《2024 年中国酒店投资白皮书》，2024 年 1～8 月接待游客人数共计21084.91 万人次、旅游收入总计 2422.02 亿元，同比分别增长 14.49% 和23.89%。而目前新疆存留的高星级酒店较少，四、五星级酒店连锁率相比全国平均水准是偏低的，仅为 21.78% 和 26.36%，国际酒店业三大巨头也很难在新疆开启其连锁酒店的新店建设，最快也要往后推迟 2～3 年，在当地的项目才能落地。望眼甘肃地区，根据携程数据，省会兰州酒店数量相对较少，类型单一，共有三星级酒店 186 家（65%），四星级酒店 80 家（29%），五星级酒店 18 家（6%），高星档次酒店进展稍缓。宁夏的"沙漠经济"于2024年在旅游圈掀起了浪潮，游客们乐于欣赏"大漠孤烟直，长河落日圆"的壮美景观。美团数据显示，宁夏省会银川市共有酒店 183 家，其中三星级酒店 110 家（60%），四星级酒店 58 家（32%），五星级酒店 15 家（8%），市场整体增长空间较大。西安一直是传统热门旅游城市，在世界第八大奇迹——兵马俑、五岳之一——华山、大唐芙蓉园等经久不衰的景点加持下，陕西应该算是西北地区五省份中酒店业发展最领先的省份。根据携程发布的《2024 暑期出游市场报告》，西安市共有三星级酒店 733 家（67%），四星级酒店 287 家（26%），五星级酒店 81 家（7%）。而提到青海，旅游胜地茶卡盐湖就是躲不掉的关键词，游客们的关注点主要在于避暑自驾游上。根据《2024 暑期出游市场报告》，西宁位列携程口碑榜"全国十大避暑目的地城市"的第三名。西宁市目前共有酒店 192 家，其中三星级酒店 123家（64%），四星级酒店 59 家（31%），五星级酒店 10 家（5%）。酒店体量都不大，有逐渐走向精品化的趋势。[①]

与西北地区相比，西南地区整体酒店市场规模、品牌质量及发展趋势都处于优势地位。根据《2024 年西南地区酒店投资报告》可知，西南地区酒旅市场依

---

① 中国快餐行业现状深度分析与投资前景预测报告（2024-2031 年）［R］. 观研报告网，2024.

旧处于增长通道。从酒店供给量来看，西南旅游市场强势回温，西南地区酒店房量也呈增长之势。2023年西南地区的四川、云南、贵州、重庆、西藏客房分别为1044101间、770770间、458097间、381772间、97261间，客房量超过2019年同期水平。西南地区酒店类型分布呈现较为明显的"金字塔形"结构，其中经济型酒店数量众多，而高端及奢华酒店数量较少，未来发展空间较大。从各地品牌酒店现状看，川渝地区作为西部大开发的"主阵地"和"前沿窗口"，品牌酒店数量优势显著，四川、重庆分别拥有2822家、1210家品牌酒店。除此之外，云南、贵州的品牌酒店数也分别达到1525家、1011家。西藏具有独特的地理位置、高原风光及宗教文化，虽然品牌酒店总数不多，但中高端特色酒店占比极高。从区域新增供应来看，四川和云南新开业的品牌酒店数量相对较大，四川和云南品牌酒店客房供应合计占比65.6%。这一方面是由于这两个省份都拥有丰富的旅游资源并得到政府的支持，品牌酒店较为青睐于在这两地进行开疆拓土；另一方面，根据新开业酒店类型情况来看，西南地区2023～2024年中高端酒店供应量逆势上涨，是两年来唯一实现供应上涨的类型，其中新开业中端酒店主要分布在四川和云南，体现出投资者对区域旅游市场信心的增加。

总的来看，中国西部整体的酒店设施体量较大，市场规模增速也处于稳中向好的局面。然而，西北和西南地区的发展则呈现出明显的酒旅市场发展不均衡态势。除此之外，西部地区的酒店设施大部分为中端品牌，高端品牌酒店数量有待增加，以满足日益增长的游客需求。

2. 民宿和露营地设施

与酒店市场相比，民宿产业的规模虽然不大，但在当今社会却深受广大普通民众的喜爱，以其宾至如归的温馨体验受到游客的好评，成为旅游住宿设施的重要组成部分。2023年12月14日发布的新疆民宿和自驾车旅居车营地建设推进会现场数据显示，新疆现有旅游民宿6649家约11万张床位，报备文化和旅游部的丙级民宿68家，正在评定的丙级民宿128家。虽然官方并没有公布重庆民宿业的具体数据，但从目前旅游市场持续增长的态势中可以确定的是，这样的发展环境对民宿的发展是十分有利的。根据《重庆市文化和旅游发展"十四五"规划（2021—2025年）》中的资料，重庆市的目标是在"十四五"期末，全市住宿从业单位达到2.5万家，其中民宿作为旅游住宿业中的重要一环，可以得到更多更好的发展。从《四川民宿业发展基础研究报告》的数据中可以得知，截至 2023 年 9 月，全国旅游民宿共有 20 万家，其中四川的数量最多，高达 4 万家。根据《云南民宿产业发展报告》，截至 2021 年 4 月末，云南省有民宿 22958 家，其中，大理、昆明、丽江排名民宿数量前三，分别有民宿 5691 家、4912 家和 3959 家。从贵州省政府办公厅发布的《关于促进贵州民宿产业高质量发展的指导意见》中给出的数据可知，贵州省民宿总量已突破 1.2 万家，较 2019 年增长近 5 倍，总量排名全国第五。

2022 年以来，露营经济成为文旅消费新"风口"。由重庆市文化和旅游信息中心、重庆师范大学地理与旅游学院共同发布的《西南地区露营产业影响力指数研究报告（2023 年）》显示，从露营地分布上看，西南几省（直辖市）的露营地数量为：重庆 277 家、四川 548 家、贵州 343 家、云南 341 家、西藏 36 家。

民宿和露营地建设虽然市场规模都不如酒店设施建设，但从近几年的政府规划、市场走向和消费意愿来看，其投资规模正在持续走高，营销环境也在不断优化，其设施设备的不断扩建、优化将为旅游业高质量发展增加强劲动力。

（二）餐饮设施

餐饮设施作为旅游业中"食、住、行、游、购、娱"六要素之一，也是旅游产业所必需的基础设施之一。过去几年，西部地区旅游业餐饮设施建设规模迅速膨胀，连锁化、特色化、生态化为主要发展趋势。在餐饮店数量上，到 2024 年，西部地区限额以上连锁餐饮门店总量达到 1.7 万家，增长率（16.1%）远超东部（12.8%），其中快餐业增势明显，2024 年上半年快餐业态门店增速达 6%，西藏、新疆、甘肃等地由于市场饱和度低，其增长潜力较高[1]。在投资总额上，2020~2024 年，文旅产业资本大幅"西进"，仅 2020 年西部地区文旅签约项目总金额超 1.2 万亿元，康养文旅、特色小镇等细分领域占比高。在空间布局上，餐饮设施主要分布于重点旅游城市与景区周边，如四川、重庆、云南等地通过打造国际美食街区、特色小镇等形成集聚效应，青海、新疆等生态旅游区以有机食材、环保餐饮设施建设为主。

---

① 资料来源：《中国快餐行业现状深度分析与投资前景预测报告（2024-2031 年）》。

1. 门店数量

在门店数量上，截至 2024 年，重庆市餐饮企业总数超 30.4 万家，其中 2023 年新增注册 1.1 万家，主城区渝中、江北、南岸等集中了 93 家"必吃榜"餐厅①。四川省 2023 年全省餐饮经营主体达 63 万家，川菜门店超 32 万家，居全国八大菜系之首②。贵州省在 2023 年推出黔菜美食店 90 家，重点景区餐饮设施覆盖率达 85%。云南省在 2024 年餐饮门店 46.7 万家，县域下沉市场增速超 20%③。截至 2024 年末，西北地区火锅门店有 4.5 万家，在全国火锅门店中占比约为 8.73%，其中超过 50% 的门店集中在陕西省，西安在营火锅门店达 8287 家，火锅店密度达 5.12，成为继川渝之后极具爆发力的火锅产业带④；甘肃、宁夏等省份火锅商户占比超 10%，增速位居全国前十⑤。

2. 投资规模

在投资规模上，重庆市在 2020 年签约旅游项目 2357 亿元，2023 年仙女山民宿餐饮升级投入 1300 万元⑥。四川省在 2023 年现代服务业计划投资 17 亿元，成都文旅城酒店群配套餐饮投资 31 亿元⑦。贵州省在 2023 年文旅项目签约 87.4 亿元，中央厨房、餐饮街区占比超 30%⑧。广西壮族自治区在 2025 年园区计划投资 3358 亿元，北海、防城港引入海鲜主题餐饮项目⑨。内蒙古自治区在 2020 年文旅项目签约 1.2 万亿元，呼和浩特"敕勒川文旅城"餐饮配套投资 156 亿元⑩。青海省在 2020 年海西州旅游投资 8.95 亿元，茶卡盐湖环保餐饮中心建成⑪。宁

① 涂源. 重庆 93 家店上榜大众点评 2024 年"必吃榜"［EB/OL］.（2024-06-28）［2025-05-31］. 上游新闻，https：//www.cqcb.com/keji/dianjing/2024-06-28/5599941.html.

② 张红霞，雷健. 全省餐饮经营主体 63 万家　全国餐厅门店数量川菜居首位［EB/OL］.（2023-09-05）［2025-05-31］. 四川在线，https：//sichuan.scol.com.cn/xwtg/202309/58967172.html.

③ 曹雯. 贵州：加快建设世界级旅游目的地［N］. 贵州日报天眼新闻，2023-12-22.

④ 西部证券股份有限公司：《2022 年面向专业投资者公开发行公司债券募集说明书》。

⑤ 《旅游市场发展趋势报告》。

⑥ 《2018 年 5 月酒店业报告》。

⑦⑨ 四川省政府国有资产监督管理委员会：《2023 年省重点项目计划投资情况》。

⑧ 推动餐饮行业高质量发展　贵州省政府制定三年行动计划［EB/OL］.（2019-04-24）［2025-05-31］. 中国质量新闻网，https：//www.cqn.com.cn/cj/content/2019-04/24/content_7041305.htm.

⑩ 李菁. 钱从哪里来？酒店、文旅、公寓、办公产业 20 大资本"预言"｜迈点年度研报第③弹［EB/OL］.（2020-01-09）［2025-05-31］. 脉脉，https：//maimai.cn/article/detail？fid=1394031061060&efid=kI37ExE1TtJ5XYofKz5PvA.

⑪ 黄玉璐. 西部旅游"疫外"升温：拉萨飞北京票价过万　世界屋脊也迎文旅淘金热？［EB/OL］.（2020-10-07）［2025-05-31］. 贝果财经，https：//baijiahao.baidu.com/s？id=1679897496504968849.

夏回族自治区在银川文旅城项目投资 21 亿元，2023 年新增露营基地简餐设施 44 个[①]。

3. 分布区域

在分布区域上，重庆以渝中区洪崖洞、解放碑商圈为核心餐饮集聚区，在巫山、万州等旅游县区新增特色餐饮地标[②]。在四川省以成都、乐山、宜宾为核心，其中成都"黑珍珠"餐厅数量排名全国第三，川西生态旅游区注重有机食材餐饮开发[③]。在贵州省以贵阳、遵义、黔东南为重点，黄果树瀑布、西江苗寨等景区周边形成民族风味餐饮带[④]。在云南省以昆明、大理、丽江为核心，滇缅公路徒步项目、菌子季主题餐饮成为新增长点[⑤]。在广西壮族自治区以南宁中山路美食街、桂林阳朔西街为传统集聚区，边境城市凭祥推动东南亚风味餐饮融合[⑥]。在甘肃省以兰州、酒泉、甘南为重点，河西走廊沿线发展特色牛羊肉餐饮[⑦]。在青海省以西宁、海西州为核心，环青海湖区域主打牦牛肉、青稞食品等特色餐饮[⑧]。在新疆维吾尔自治区以乌鲁木齐大巴扎、喀什古城为重点，南疆民俗餐饮与北疆生态餐饮差异化发展[⑨]。

（三）交通设施

交通设施建设是旅游业基础设施建设中的重要命题，交通的便利程度直接关系到游客的消费意愿。交通设施在旅游活动中主要是指为游客实现空间位移，保障旅游出行顺利、便捷、安全的各类设施总和。交通设施一般可分为两类：交通

① 宁夏回族自治区商务厅：《银川文化园建设项目招商说明书》。

② 涂源. 重庆 93 家店上榜大众点评 2024 年"必吃榜"［EB/OL］.（2024-06-28）［2025-05-31］. 上游新闻，https：//www.cqcb.com/keji/dianjing/2024-06-28/5599941.html.

③ 陈碧红. 四川餐饮市场主体首次突破 60 万家［EB/OL］.（2023-07-15）［2025-05-31］. 四川日报（数字版），https：//epaper.scdaily.cn/shtml/scrb/20230715/297642.shtml.

④ 全省旅游产业化推进大会：《贵州省旅游星级饭店基本情况表》（2021 年 6 月 7 日）。

⑤ 赵黎浩. 下沉市场成"滇菜"新增长点，云南 41 个县城餐饮消费额增速达 20%［EB/OL］.（2024-09-15）［2025-05-31］. 中工网，https：//www.workercn.cn/c/2024-09-15/8352779.shtml.

⑥ 共研产业研究院. 2021-2027 年中国广西壮族自治区住宿和餐饮行业深度调查与投资策略报告［EB/OL］.［2025-05-31］. https：//www.gonyn.com/report/398417.html.

⑦ 以文旅产业大跨越绘就如意甘肃新画卷［EB/OL］.（2025-01-09）［2025-05-31］. 甘肃省文化和旅游厅，https：//www.mct.gov.cn/whzx/qgwhxxlb/gs/202501/t20250109_957750.htm.

⑧ 迈点. 供不应求的西部酒店市场：把握本土特点才能行稳致远［EB/OL］.（2022-12-18）［2025-05-31］. 知乎专栏，https：//zhuanlan.zhihu.com/p/592759782.

⑨ 乌鲁木齐市文化和旅游局：《乌鲁木齐市文化和旅游发展第十四个五年规划（2021-2025）》。

安全设施和交通基础设施。交通安全设施主要包括护栏、交通标志、交通标线、视线诱导系统（如广角镜）、隔离设施（如路锥、水马）、防眩设施（如防眩板）等；交通基础设施则包括道路、桥梁、隧道、车站、通风亭、机电设备、供电系统、通信信号等。接下来将主要论述公路、铁路和航空交通建设的相关情况。

1. 公路设施建设

中华人民共和国中央人民政府网站 2024 年 11 月 27 日刊发的新华社文章《新时代西部大开发新格局新突破》一文资料显示，截至 2023 年底，西部地区公路总里程已达 220 万千米，高速公路覆盖 97%的 20 万以上人口的城市和地级行政中心。

2. 铁路设施建设

在高铁建设上，西部地区"十四五"时期高铁建设持续发力，其线路布局覆盖了核心都市圈、省会城市和重点城市等众多区域。例如，重庆东站建成后将成为西部地区最大的高铁枢纽站，助力成渝双城经济圈及西部陆海新通道建设。近年来，西部地区还新增了多条高铁线路，如渝贵高铁、贵广高铁等，这些线路穿越复杂的喀斯特地貌，进一步释放了西部地区的铁路运输动能。截至 2021 年底，西部地区高铁营业里程达到 9360 千米，覆盖了大部分省会城市和 70%以上的大城市。普速铁路方面，西部地区不仅增加多条线路，改造既有铁路，从而提高运输能力，还适时谋划进行铁路扩能改造，如宁夏拟开工包兰铁路银川至中卫段扩能改造项目。西部地区普铁线网布局也更加均衡化，填补铁路"留白"地区，如乌将铁路、西宝高铁、拉日铁路等相继开通。截至 2021 年底，全国普铁营业里程达到 11 万千米，其中西部地区普铁线路也在不断完善[1]。西部地区的铁路网络不仅覆盖了省会城市和重点城市，还通过多条高铁和普速铁路线路连接了周边省份。例如，敦煌铁路连接了兰新铁路、青藏铁路，形成了西北地区首条闭合的环形高铁网络。西部陆海新通道的建设进一步加强了西部与东部沿海地区的联系，铁海联运班列已累计开行超 2.5 万列[2]。

① 推进西部铁路建设勾画美丽中国交通画卷［EB/OL］.（2022-08-25）［2025-05-31］. 中国日报（中文网），https：//cn.chinadaily.com.cn/a/202208/25/WS630716d0a3101c3ee7ae5854.html.

② 马紫康. 时评：西部陆海新通道连接世界的贸易动脉［EB/OL］.（2024-07-19）［2025-05-31］. 中国网，http：//railway.china.com.cn/2024-07/19/content_117320713.shtml.

3. 航空设施建设

截至 2021 年，西部地区共有 91 个民用运输机场，占全国机场总数的 49.4%。与此同时，西部地区拥有多个国际机场与支线机场。例如，成都双流国际机场是西部地区重要的枢纽机场，2024 年旅客吞吐量达 3243 万人次，位居全国第四。在航线方面，成都双流国际机场开通了 317 条航线，其中包括 193 条国内航线和 106 条国际航线，航线覆盖全球五大洲。据中国民航局民航之翼 2025 年第 22 周的机场旅客吞吐量排名统计，西部地区的成都国际机场、西安国际机场和重庆国际机场进入全国前十大国际机场之列。

二、数字技术赋能生活设施建设

数字技术的到来颠覆了传统旅游业的运作模式，兴起了智慧旅游或者数字旅游的新模式，这种新型的经济形势极大程度上调动了各种资源要素的配置，提高了旅游业的生产效率和产品价值，与此同时也为消费者提供了更好的旅游体验。

（一）智慧住宿

1. 酒店智能化管理系统

酒店智能化管理系统涵盖了从预订、入住到退房的全流程。前台主要完成订房、办理入住和退房；中台负责日常服务工作；后台则主要处理酒店管理部分的工作。前台主要是客户关系管理、客房管理等，例如利用大数据分析客户的历史预订信息，酒店可以精准推送个性化的服务套餐，提高客户满意度和忠诚度。同时，智能门锁、智能客房控制系统等设备的应用，不仅提升了客人的入住体验，还增强了酒店的安全管理水平。

2. 民宿在线预订与评价平台

民宿在线预订与评价平台的出现，打破了传统民宿经营的地域限制。这些平台整合了海量的民宿资源，为游客提供了便捷的预订渠道。游客可以通过平台查看民宿的详细信息、图片、价格以及其他住客的评价，从而做出更加明智的选择。另外，平台也提供了民宿经营管理者自我营销与推广的机会，通过房源信息及服务质量的调整来吸引客户。平台亦可依托信用评价机制来促使买卖双方交易公平、安全地进行。

3. 共享住宿模式的发展

共享住宿模式以其独特的社交属性和高性价比，受到了越来越多消费者的青睐。这种模式借助互联网平台，将闲置的房屋资源进行整合利用，为旅行者提供了多样化的住宿选择。例如爱彼迎（Airbnb）等共享住宿平台，这种共享住宿模式不仅推动了人们住宿方式的改变，还促进了目的地社区经济的发展。然而，共享住宿模式也面临着安全、隐私和监管等一系列的挑战，需要进一步完善相关政策和管理模式。

（二）智慧餐饮

1. 餐饮数字化点餐与支付系统

餐饮数字化点餐与支付系统实现了点餐、下单、支付的全流程数字化。顾客可以通过扫描二维码，在手机上浏览菜单、下单并完成支付，无须服务员介入。另外，消费者扫描二维码完成消费后，大数据能够为餐厅分析提供顾客消费决策的支持性信息，餐厅管理人员可从中获取顾客需求的大数据，如菜单消耗大或需求高的产品，及时在后台控制餐厅的采购及库存量等。

2. 地方特色餐饮的数字化推广

数字化推广为地方特色餐饮的传承与发展提供了新的机遇。通过线上地方特色餐饮推荐类 App、"发现精彩美食"餐饮美食社区论坛、微信群以及"朋友圈""微博""抖音"等互联网及移动媒体传播类平台，如一些城市政府和地方特色餐饮经营管理机构联合经营的地方特色餐饮企业针对当地餐饮进行宣传的线上地方美食节进行引流。例如，一些地方政府和餐饮企业联合打造线上美食节，通过直播、短视频等形式展示地方美食的制作过程，吸引了大量游客和消费者的关注。

3. 食品安全与溯源技术

食品安全是餐饮行业的重中之重。智慧餐饮中的食品安全与溯源技术，通过物联网、区块链等技术手段，实现了食品从生产、加工到销售的全过程信息记录和追溯。消费者扫描食品外包装上的二维码，查看食品的原材料供应及加工生产、检测的详细报告，保障食品安全。餐饮企业溯源系统有利于对供应链的管理，提高了食品的质量。

（三）智慧交通

1. 智能导航与交通管理系统

智能导航与交通管理系统利用全球定位系统（GPS）、地理信息系统（GIS）和大数据分析技术，为驾驶员提供实时的交通路况信息和最优行驶路线规划。同时，交通管理部门也能够通过系统对交通流量实时进行监视与控制，对交通流量进行配时优化，改善交通拥堵状况。智能导航系统还可同自动驾驶技术相结合，以实现安全驾驶及舒适驾乘。

2. 共享出行服务

共享出行服务有共享单车、共享汽车等，以其便捷、环保的特点，成为城市交通的重要补充。共享单车解决了城市出行"最后一公里"的问题，用户通过手机 App 即可完成车辆的租用和归还。共享汽车为用户提供了更灵活的出行方式，以满足不同的出行需求，但共享出行服务存在车辆管理、停放秩序等方面的问题，要继续完善共享出行运营管理模式、制定相关政策法规。

3. 公共交通信息化与实时查询系统

公共交通信息化与实时查询系统为乘客提供了便捷的出行信息服务。乘客可以通过手机 App 或电子站牌，实时查询公交车、地铁等公共交通工具的到站时间、线路信息等。这有助于乘客合理规划出行时间，提高出行效率。同时，公共交通运营部门可以通过信息化系统对车辆进行实时监控和调度，优化运营管理，提升服务质量。

三、西部地区数字旅游业生活设施建设的挑战与对策

西部地区旅游业虽然在"西部大开发"和共建"一带一路"倡议等支撑下得到了较好的发展，但其在数字革命的大背景下依然面临着一系列挑战，只有多方发力解决西部生活设施建设方面的"卡脖子"问题，才能推动数字旅游业的长足发展。

（一）西部地区数字旅游业生活设施建设的主要挑战

1. 基础设施分布不均衡

由于西部地区地域广阔、地形复杂，导致交通等基础设施分布严重不均。如西安、成都等地是旅游热点，机场、酒店等基础设施齐备。但在广大偏远地区，

以川西部分藏区为例，从市区到部分具有特色但不是很出名的小众景点，要靠盘旋山路，甚至有些道路不便，且公共交通稀疏，需要游客消耗较多的时间和精力才能到达，大大增加了旅途的不便和费用。再者，从住宿设施来看，除了县城内部分酒店，小景点住宿多为县城内的一些条件粗陋、环境差的民房，有的是自己搭建的铁皮屋，且其数量远远无法满足需求，在旺季是"千军难觅一屋"，而在淡季则是房间大量闲置。在如此分布不均的配置情况下，必然会影响游客的旅游体验，妨碍偏远地区旅游资源的开发利用。

2. 数字化水平较低

西部地区大多数旅游企业及景区数字化落后。景区在旅游营销方面，基本上以宣传册、旅行社代理等线下营销为主，并没有太多针对互联网新媒体平台的线上营销布局，没有专业的线上营销团队，旅游产品的推广曝光率低。景区在旅游服务方面的信息化，主要体现在景区门票预订、酒店预订等线上平台的建设上，景区官网、移动线上平台、小程序等建设不完善，使用操作较为烦琐且信息更新滞后。例如部分景区官网不能实时查询景区门票剩余数量信息，到景区窗口购票时才发现门票已经售罄；景区内导览基本停留在传统的景区纸质地图上，缺少电子导览功能，无法实现为游客提供景区实时位置定位、景点语音讲解等服务功能，无法满足游客在旅游过程中的日益便捷化、个性化的服务需求，游客对景区旅游的满意度也将降低。

3. 资金和人才短缺

基础设施的建设投资大，无论是对道路、宾馆的建设，还是数字化系统的开发都需要资金投入。经济落后的西部地区政府财政收入较低，所以用于发展旅游业基础设施建设的资金短缺，而金融机构也考虑到西部地区旅游项目的投资回报期长、风险高等因素，对相关旅游项目贷款较为保守。在人才方面，西部地区旅游人才尤其是专业的旅游管理、数字化技术人员的流失，主要缘于西部地区经济发展水平和人们的生活条件在整体上不如东部地区发达，不能吸引和留住专业人才，再加上当地高校的旅游相关专业设置不够贴近市场需求，培养出来的人才实践操作能力欠缺，致使基础设施建设和运营的管理水平较低，行业人才严重缺乏。

（二）西部地区数字旅游业生活设施建设难题的破解之道

1. 政府政策支持与资金投入

政府需发挥主导作用，通过顶层设计强化基础设施均衡布局。一方面，借助"西部大开发"和共建"一带一路"倡议的发展契机，在基建方面，要做好交通设施、通信设施、能源基础设施等领域的布局；另一方面，要加强新型基础设施的建设，比如对信息网络等设施的完善以及智慧旅游平台的构建，推进"互联网+旅游"的深度融合。除此之外，还要借助财政政策放松地方资金限制、建立旅游发展资金，支持重点领域的旅游项目建设。

2. 引入社会资本与创新融资模式

破解融资难题需要运用多方融资的模式，如采用 PPP 等多元模式引进民间资本建设运营旅游设施，比如 PPP 特许经营发展经济型饭店、旅游集散中心；鼓励发展绿色金融与旅游资产证券化，释放资源存量；设立区域旅游合作，推进东西部对口支援，引导东部企业以产业外迁投资西部地区的旅游产业。比如云南、广西等地可以结合数字产业技术创新方式探索出以"旅游+科技"为主要特色的旅游融资。

3. 加强数字化人才培养与技术引进

数字化转型需以人才和技术为双引擎。一是要推动人才培养与技术发展，高校与企业协同共建旅游行业交叉学科，培养数据分析、人工智能系统开发等各领域技术复合型旅游人才；二是加大人才引进和优惠政策，例如在落户政策、专项扶持补贴方面对于东部地区旅游技术人才下乡开发西部旅游技术人才更有吸引力；三是强化技术引入及合作，例如沉浸技术、区块链等，强化旅游体验的安全性和相关感受，完善旅游体验的虚拟实感，示范带动技术，在景区建设等示范工程方面引入技术如试点建设景区智慧工程等，逐步"拉平"不同地区、不同尺度的建设水准差距。

第二节　西部地区数字旅游业的生态环境建设

生态环境是人类生存和发展的主要物质来源，它承受着人类活动产生的废弃物和各种作用结果。良好的生态环境是人类发展最重要的前提，同时也是人类赖以生存、社会得以安定的基本条件（赵其国等，2016）。旅游业与生态环境相互依存又相互影响。生态环境是旅游业发展的基础，为其提供资源与体验条件；旅游业若合理发展能促进生态保护与修复，但若过度开发或管理不善，也会给生态环境带来破坏和压力。

一、西部地区数字旅游业生态环境现状分析

（一）自然保护区的分布与管理

中国西部地区国家级自然保护区占全国总数的 93.4%，主要集中在西藏、青海、新疆、内蒙古和甘肃等省份（赵文飞等，2024）。这些地区自然资源丰富，人类活动较少，生态环境脆弱，是生物多样性的重要区域。除此之外，西部地区的自然保护区包括多个重要生态功能区，如西北草原荒漠化防治区、黄土高原水土保持区、青藏高原江河水源涵养区等。结合《西部地区重点生态区综合治理规划纲要（2012—2020 年）》可知，功能分区上西部地区划分出了多个生态功能区，如秦巴山区、西南部云南、西藏东南部、东北内蒙古等林区，主要的保护对象为森林、湿地和水资源。其中尤其引人注目的是，青藏高原四大自然保护区（新疆阿尔金山、西藏羌塘、青海三江源、可可西里）形成了西部地区高原最大的自然保护区群，保护了藏羚羊、野牦牛等珍稀野生动物。

但是由于资金不足、地形条件复杂、管理知识缺乏及社区参与度低等原因，许多保护区成为"名不副实"的保护区。再加上自然保护区的管理和保护工作受到地方经济发展压力的影响，部分地方甚至为了追求短期经济利益，随意调整保护区范围或功能。

（二）生态旅游资源的开发与保护

中国西部地区拥有丰富的自然景观和人文资源，包括大草原、大高原、大湖泊、大熊猫、藏羚羊等世界级生态旅游资源。据统计，仅从中国科学院地理科学与资源研究所整理的中国西部地区的 31 处世界遗产就可以看出西部地区的开发空间非常大。此外，西部地区还拥有非常丰厚的文化资源，比如少数民族的传统习俗和文化。以上资源都为西部地区生态旅游的发展奠定了坚实的基础。近年来，西部地区的生态旅游业发展迅速，成为推动经济发展的重要产业。例如，贵州、青海等地依托当地自然资源，大力发展森林旅游、森林康养、沙漠旅游等生态旅游项目。2022 年，西部旅游热度恢复较快，重庆、西安、昆明、乌鲁木齐等地成为热门旅游目的地。此外，西部地区的生态旅游也带动了乡村振兴和绿色经济发展。

中国政府在西部大开发战略部署中已经非常重视西部地区的旅游业发展，尤其是生态旅游。在西部大开发战略中通过开展重点生态工程以及区域的综合治理，西部地区的环境保护建设取得了较为明显的效果；同时又通过法理、经济、行政和技术手段约束旅游强度，选择合理的旅游方式，开展合理的生态环境规划。但是，管理体制不健全、开发商盲目开发、基础设施薄弱、保护生态环境的意识薄弱等问题依然突出。

（三）环境污染与生态退化问题

在环境污染问题上，西部地区矿产资源丰富，过度开采致使环境污染严重，例如煤炭资源开发造成矿区植被与土壤的破坏，从而导致地表植被盖度降低，再加上由于西部地区部分地方重工业发展造成的空气资源、水资源、土壤资源被污染的问题还没有得到彻底解决，尤其是在重点煤矿地区及工业集聚区域。通过对工业活动对于空气质量的影响程度进行调查，发现部分地区空气质量指标出现超标情况。

在生态退化问题上，西部地区是中国水土流失和土地沙化的主要区域。国家环保局 2018 年的调查显示，西部地区水土流失面积占全国水土流失面积的62.5%，土地沙化面积占全国土地沙化面积的 90% 以上，并且这些情况仍在持续恶化。例如，黄土高原地区水土流失严重，大量的泥沙进入黄河中下游，黄河下游的泥沙沉积严重；西北地区土地沙化面积达 146.9 万平方千米，占全国荒漠化土地面积的 56%。虽然近年因退耕还林、退牧还草等措施得到一定程度的治理，但现状仍不乐观。

二、数字技术赋能生态环境建设

改革开放以后，中国经济走上了高速发展的轨道，取得了一系列耀眼的经济成果。然而，随着经济社会的不断发展，我国社会的主要矛盾也发生了质的变化，以往粗放式发展和资源密集型的产业难以实现"绿水青山就是金山银山"的理念要求。面对日益趋紧的资源和环境约束，深入转变发展方式，使实现高质量发展成为必然趋势。随着科技革命的步伐不断加快，大数据、人工智能、云计算、物联网等信息技术的蓬勃发展，为经济增长与生态环境协调发展提供了新动能和新契机，为旅游业绿色发展和生态环境保护找到了契合点。

（一）智慧景区建设

1. 景区环境监测与管理系统

在景区中大量安装空气质量传感器、水质传感器、土壤湿度传感器等各种传感器，实时采集景区中的各类环境信息，运用无线网络，将数据传送到数据中心。运用大数据分析技术和数据，景区管理者会及时掌握景区环境中发生的变化，例如当空气的浓度、水质的情况、土壤的湿度等发生异常时，及时采取相应的措施进行处理，保护景区的生态环境。例如，当传感器检测到景区中有某个区域的空气质量中 PM2.5 的浓度偏高时，系统可以自动预警，向相关部门发送预警信息，促使其及时施行降尘措施，例如增加洒水车的作业频率等。

2. 游客流量监控与调度系统

视频监控技术结合大数据分析算法对景区内游客流量进行监控与分析。景区内通过在关键区域如景区出入口、主要景点、道路等布设摄像头采集游客的实时图像信息，并运用图像识别算法对游客进行计数。通过大数据分析进行相关区域不同时段游客流量的预测，如游客流量达到预警阈值时，系统可以通过短信等方式自动发送到游客手机上，提示游客前往其他景点游览，有效实现游客分流。同时，景区管理人员结合游客流量，合理设置景区服务设施的分布和工作人员的布设，在提升游客游览体验的同时避免因游客过度集中对景区生态环境造成影响。

3. 生态旅游资源的数字化展示

运用 VR 和 AR 技术对景区内部生态旅游资源进行数字化展示，通过佩戴 VR 设备或手机 AR 应用实现旅游者在现实世界中身临其境地感受景区内的自然生态环境。数字化展示可增加生态旅游资源的游客认知程度及欣赏水平，减少游客实地参观对生态资源的影响程度，如对于珍稀动植物的栖息地，可以通过 VR 技术让游客在不对栖息地生态环境造成破坏的情况下，近距离观察动植物的生存状态，提高游客的生态保护意识。

(二) 生态保护与修复

1. 大数据与人工智能在生态监测中的应用

大数据技术能够收集、整合、分析来自不同渠道的生态监测数据，如气象数据、地理信息数据、生物多样性数据等。通过对这些海量数据进行研判，能够挖掘出生态系统在一段时间内的变化规律和趋势。机器学习算法等人工智能技术可以针对生态监测数据进行分类和预测，比如通过对卫星图像信息进行分析，自动识别森林中的病虫害区域、土地退化区域等。通过不断进行学习和训练，精准的大数据模型能够预测出生态系统发展问题，为生态修复工作提供科学依据，通过人工智能技术还能实现自动识别监测野生动物活动轨迹，及时发现非法捕猎等行为，从而保护生物多样性。

2. 无人机与遥感技术在生态修复中的应用

基于无人机搭载的高清相机和多光谱相机，快速、大面积地进行生态修复区的监测，对取得的图片和数据进行分析，可得到生态修复区植被、土壤等的快速恢复效果；基于遥感技术对大规模生态修复区域的总体状况进行宏观监控，为生态修复提供具体指导。在生态修复过程中，利用无人机可以进行精准播种和施肥作业，提高植被恢复的效率和质量。

3. 区块链技术在生态资源管理中的应用

区块链技术具有去中心化、不可篡改、可追溯等特点，在生态资源管理中具有广阔的应用前景。区块链在生态资源管理，比如构建生态资源管理平台，建立区块链上对产权、交易、保护类资源的信息记录与管理，对森林资源而言，比如在区块链中可以记录每一棵树种的起因、生长、采伐的信息，保证森林资源合法流转与可持续发展利用。另外，将区块链用于生态补偿机制，通过区块链中智能合约实现生态保护者的有效激励机制，促进生态保护积极性。

（三）绿色旅游推广

1. 数字化宣传绿色旅游理念

使用互联网、社交媒体平台开展绿色旅游理念的宣传活动，制作趣味性短视频、图文结合的文章等形式向公众宣传绿色旅游的理念和实践活动。如宣传旅游中如何减少碳排放以保护当地生态环境。通过大数据技术精准推送绿色旅游宣传内容，根据不同的年龄层、性别、地区等受众人群，展开有针对性的宣传，提升宣传活动的转化率。通过线上互动宣传，如绿色旅游知识有奖竞答、摄影大赛等，吸引受众参与绿色旅游宣传活动，提升公众对绿色旅游理念的认同感。

2. 低碳旅游模式的推广

借助数字技术，开发低碳旅游产品和服务。例如，利用在线旅游平台，推荐低碳出行方式，如公共交通、自行车租赁等，并提供相应的预订服务。在景区内，推广使用新能源交通工具，如电动游览车、太阳能游船等，并通过手机应用程序引导游客使用。运用数字技术引导游客选择低碳旅游方式，比如对游客进行低碳旅游行为的记录并给予相应的积分，同时可用积分换取相关景区的实物或服务。应用大数据分析游客旅游行为，改进低碳旅游产品与服务设计。

3. 游客环保行为的数字化激励

构建游客环保行为数字化激励体系。在手机应用程序中记录游客在旅游活动中进行垃圾分类、自带环保用品、环保公益活动等相关的环保行为，并根据游客的环保行为给予相应的积分或勋章奖励，积分可以兑换景区门票、纪念品等，也可通过社交媒体平台记录游客的环保行为及奖励情况，形成良好的示范效果，激励其他游客参与到环保活动中。这能够提升游客的环保意识，促进绿色旅游发展。

三、西部地区数字旅游业生态环境建设的挑战与对策

（一）西部地区生态旅游业发展的主要挑战

1. 生态保护与旅游开发的矛盾

西部地区生态旅游业的核心矛盾在于生态保护与旅游开发的内在矛盾。生态旅游的发展就是依托良好的生态环境来吸引旅游者从而为人们创造财富，但是过度的旅游开发也会对生态环境造成不可修复的破坏。一些景区为了建设更多的旅

游设施，大肆砍伐森林，导致生物栖息地被破坏，生物多样性降低。以九寨沟为例，旺季时景区游客常年超限，水体富营养化严重，造成景区生物多样性退化，旅游的负外部性引发"旅游的负收益与生态环境保护及整治恢复成本倒挂"。同时，大量游客的涌入带来的垃圾排放、噪声污染等问题，也给当地生态环境带来巨大压力。

2. 数字化技术应用的高成本困境

数字化技术应用成本高也是阻碍西部生态旅游业发展的重要因素。由于资金不足、地形条件复杂、人才短缺，西部地区数字化转型面临复合型成本压力。一方面，受因于资金短缺和复杂地形因素，西部地区数字化转型会面临较高的复合性成本。西部部分地区仍存在基础设施薄弱、网络普及率偏低的问题，让所有地区全面数字化需要在构建网络设施，购置和维护数字化设备、工具等方面投入大量的资金。另一方面，引入和使用最前沿的数字化技术，比如大数据分析系统、人工智能监测设备等，不仅设备的费用比较高，后续的相关技术培训、系统更新等也会耗费巨大的资金成本。

3. 公众环保意识不足

公众的环保意识不足是目前生态旅游业发展的主要影响因素。民生智库与《半月谈》杂志社社情民意调查中心联合发布的 2023 年度城乡生态环境满意度调研成果显示，中部地区环保意识提升率达 79.3%，而西部仅为 65.2%。在西部地区一些生态旅游景区，游客随意丢弃垃圾、破坏植被、惊扰野生动物等不文明行为时有发生。这反映出公众对生态环境保护的重要性认识不够深刻，缺乏对当地生态脆弱性的了解。此外，当地部分居民在参与旅游或经营活动时，由于缺乏保护意识、图一时便利或追求短期经济利益，可能会采取一些破坏生态环境的行为，如违规建设农家乐等。

(二) 实现数字旅游业绿色发展的应对策略

1. 制定科学化生态旅游发展规划

西部地区生态旅游开发需要结合西部地区独特的生态与文化资源，合理布局旅游项目，明确开发边界。首先要通过运用 GIS 技术和生态系统服务价值评估模型，对景区生态敏感性进行科学测算，明确景区资源承载能力。其次要对生态区域进行合理的功能分区，实施"核心保护区—生态缓冲区—旅游开发区"三级空间管控。与此同时还要构建数字化监测体系，通过生态传感器实现水质、土壤等 16 项指标的实时预警。合理的规划措施为生态旅游业的数字化转型构建了高效的应对体系，有利于实现西部旅游业既有"金山银山"又有"绿水青山"的目标。

2. 深化政府与企业协同合作机制

破解生态保护与旅游开发的矛盾，需要政府与企业的协同，突破此前单向的管理模式，转向项目共建、利益共享、风险共担的合作机制。在西部地区生态旅游开发中，政府可通过自己宏观调控的作用，积极出台一系列有吸引力的优惠政策，例如税收减免、土地使用优惠等，激励企业参与生态旅游开发的建设。除此之外，政府还应制定和完善相关法规政策，为企业入驻打消后顾之忧。企业则凭借自身的资金、技术和专业优势，承担投资和专业化运营的任务，为生态旅游业打造一个覆盖上下游的完整产业链，并在实践过程中形成当地特色化的旅游产业模式。

3. 构建全民参与的环保意识提升体系

提升公众环保意识需要多措并举，从教育、科普、社会实践等多个角度入手。在教育环节，针对西部农村地区环境教育弱化的情况，应在学校教育上嵌入生态课程，让生态破坏的惨痛代价通过虚拟现实的模式呈现给学生，从小学生的"第一颗扣子"扣紧生态教育，增强学生对于生态环保的认知。在科普环节，应借助电视、网络、新媒体等多层次的传媒平台广泛普及生态保护知识，制作、投放具有感染力的生态环保公益广告、专题片等，让广大民众能够深刻地认识到生态保护的重要性。在社会实践环节，景区所在地官方或者相关管理部门应制定对应的激励机制，号召景区所在地居民与游客共同努力实践生态环保的理念，并对实践中的破坏生态行为进行监督举报。

第三节　西部地区数字旅游业的营销设施建设

营销设施建设指通过线上线下渠道整合、技术应用和资源优化，构建覆盖市场推广、品牌塑造、游客服务等全链条的营销体系。在旅游业中，营销设施建设是提升目的地竞争力、优化游客体验和实现可持续发展的重要手段。目前，数字资源已然加入人力、资金、环境资源等传统要素的行列，成为拉动旅游业经济增长和结构优化的重要因素。西部地区具有丰富的人文景观与自然景观，西部地区应合理布局数字营销设施建设、补齐缺口、优化结构，促进西部地区数字旅游高质量发展。

一、西部地区数字旅游业营销现状分析

（一）线上营销

在线旅游（OTA）平台成为旅游业营销势力的主力军。随着平台的不断发展建设，宣传效率较传统营销模式上了一个台阶。西部地区旅游企业基本通过携程、去哪儿、飞猪等大型 OTA 平台来宣传产品和销售。各大旅行社、酒店、景区入驻平台进行产品信息的宣传和发布，并接受用户预订。例如被游客群体熟知的四川九寨沟、云南洱海、贵州黄果树瀑布等景区在线上爆红，OTA 的有效性宣传和推广功不可没。根据《2023 年度中国在线旅游行业简报》的数据，2023 年四川地区通过 OTA 平台预订旅游产品的游客数量占总游客量的 35% 左右，且这一比例呈逐年上升趋势。

各类社交媒体平台营销效果明显。在微信公众号、微博、抖音等社交媒体平台上，西部地区各省区市旅游管理部门以及众多旅游企业以宣传、发布旅游信息及风景图片、短视频等方式吸引潜在的游客。互联网上营销最为成功的个人莫过于超级 IP 理塘丁真。丁真的一个只有 7 秒的短视频在互联网上一夜爆红，他干净纯真的笑容、朴实无华的形象吸引了大批网友的关注。在此之后，理塘县政府和文旅公司迅速反应，签约丁真为"旅游形象大使"，并推出了一系列宣传措施。例如，与丁真合作的旅游宣传片《丁真的世界》获得了广泛关注，播放量超过 1500 万次。当地借助互联网的传播效应和高超的营销手段，使丁真成为年度文旅行业顶流，也为理塘当地吸引了大量游客（张可等，2022）。

旅游目的地官方营销或成为大势所趋。近年来，旅游目的地官方文旅带头人"为自己打 call"的案例层出不穷，通过文字、图片及短视频，或搞笑滑稽，或儒雅知性，吸引了万千网友关注。以身说法宣传当地的文旅资源故事和景观胜

境，四川省甘孜藏族自治州文化广播电视和旅游局党组书记、局长刘洪就是其中的代表。2021年3月，刘洪开通了抖音号"甘孜文旅局长刘洪"，开始通过短视频平台宣传甘孜的自然风光和人文风情。在此之后，他通过短视频平台发布了一系列创意视频，展示了甘孜的自然美景和文化特色。例如，他身着民族服饰进行穿越和变装，向网友展示了泸定县化林村的茶马古道，吸引了超过1亿人次的观看，抖音平台上的点赞数达到147.8万。刘洪通过持续的短视频宣传，极大地提高了甘孜州在旅游业中的影响力，成功打造了"甘孜文旅"品牌。

（二）线下营销

线下营销作为传统、重要的推广方式，在当前的"互联网+"时代仍然扮演着重要的角色，尤其是西部地区的旅游业，对潜在的游客而言线下营销可以直接消费、传播，进而提高了旅游产品的品牌影响度。

（1）参加旅游展会与推介会。西部地区一直以来都在积极参加国内外规模较大的旅游展会，在这些展会上，西部地区各省份均设特色展位，以精美的展板、实物、现场表演等方式集中展示当地旅游景点。如云南在展会上搭建民族特色展位，邀请少数民族演员进行歌舞演出，介绍普洱茶、鲜花饼等特色旅游商品，吸引了大量参展商和旅游人员驻足观赏。除此之外，西部地区各省份还在重点客源地城市举办旅游推介会，与当地旅行社合作共同开拓旅游市场。

（2）旅游目的地线下活动。具有丰富优美自然风光的广西桂林阳朔举办的"漓江渔火节"、拥有神秘悠久的历史遗迹和绚烂的少数民族文化的四川省凉山彝族自治州举办的"火把节"，这些节日不仅丰富了游客的旅游体验，同时借助游客的传播，提升了景区的知名度。此外，部分旅游景区举办线下活动，让游客体验旅游产品。陕西西安秦始皇兵马俑博物馆的"兵马俑手工制作"旅游产品，可以让游客通过参与手工制作小型兵马俑等方式，了解兵马俑的制作方法与历史文化。

二、数字技术赋能营销设施建设

随着信息技术的快速发展，尤其是移动互联网、大数据、云计算等技术的普及，传统旅游行业纷纷开始进行数字化转型。数字化转型不仅是旅游业应对市场变化的需要，更是企业提升竞争力的重要手段。在数字化升级方面，旅游业的许多上下游产业早已凭借敏锐的嗅觉抓住了数字化发展的先机，在一些领域做出了营销模式和手段的变更。但就目前的情况来看，数字化转型的程度还不彻底，营销手段还不够先进，需要紧跟数字技术的发展浪潮，持续不断地优化营销设施建设。

（一）社交媒体与内容营销

1. 短视频平台与旅游推广

短视频平台具有传播速度快、覆盖面广、互动性强等特点，其通过直观、多样化的场景和内容形式，使用户能够快速、准确地获取旅游目的地的信息。根据QuestMobile的数据，抖音在2022年9月的月活跃用户数达到7.06亿，成为短视频应用行业的"领头羊"。西部地区旅游景区可以利用这些特性，制作精美的短视频，展示景区特色景点、民俗表演、美食体验等内容。如敦煌莫高窟景区官方抖音号发布的壁画修复过程的短视频一经推出就收获无数人点赞，吸引大量用户流量，不仅传播了文化遗产知识，也让景区宣传增色不少。

2. 旅游博主与关键意见领袖（KOL）合作

旅游博主和KOL在旅游推广中扮演着重要角色。他们凭借专业的旅游知识和丰富的旅行经验，能够为潜在游客提供真实、生动的旅游信息，增强游客对旅游目的地的信任度和向往感。景区与KOL合作，可借助其海量的"粉丝"群体，实现旅游品牌形象的快速传播，开拓客源市场。研究表明，KOL的互动性和"粉丝"黏性较高，能够有效传递品牌信息。以抖音旅行千万粉丝博主"房琪kiki"为例，她拥有庞大的"粉丝"群体，足迹遍布祖国大江南北，她每到一个地方打卡拍摄，都会为"粉丝"推介当地的美食和美景。这些视频文案优美、画面精美，能让观众产生强烈的情感共鸣，从而激发人们对视频中旅游地的向往和增强出游意愿（冯思航，2021）。

3. 用户生成内容（UGC）的利用

用户生成内容是指由普通用户创作并在社交媒体上分享的关于旅游经历的文字、图片、视频等，"人人都有麦克风"是社交媒体时代的重要特征。UGC不仅增加了旅游目的地的曝光率，还提高了用户的参与度和互动性。景区可以举行摄影大赛、旅游故事征集等一系列活动，引导游客的UGC创作，到社交媒体进行分享。例如，青海省举办的"大美青海"摄影大赛，吸引了众多摄影爱好者参与，他们拍摄的青海湖、茶卡盐湖等美景照片在网络上广泛传播，极大地提升了青海旅游的知名度和美誉度。此外，UGC 还为旅游目的地提供了实时反馈，帮助管理者及时调整营销策略。

（二）大数据与精准营销

1. 游客行为数据分析

大数据技术的应用，可以让旅游管理方更加清楚游客的需求、兴趣、购买行为，包括浏览信息、预订信息和消费记录等，收集相关的大数据，对这些数据进行分析、处理，这样可以得到游客需求的画像，从而更加有针对性地去设计旅游产品、包装旅游线路，制定更加精准有效的营销策略。而且还可以给消费者提供定制服务，从而增加消费者黏性，提升消费者的满意度。携程大数据显示，在西部地区旅游的游客中，60%的游客在预订酒店时会优先考虑价格因素，30%的游客更关注酒店的地理位置。通过掌握这些数据，相关主体可以合理把控价格和定位，以提高营销效率。

2. 旅游市场趋势预测

除此之外，大数据技术还可用于对未来市场进行预测分析，基于历史数据的分析，可预测未来的旅游需求、价格走势、市场变化。通过分析互联网上旅游平台的搜索以及预订数据来预测旅游热门目的地、旅游产品的相关需求变化情况等。以广西桂林为例，通过数据分析发现，近年来亲子游、研学游市场需求保持较大的增长趋势。桂林旅游企业基于数据分析结果，有针对性地推出了亲子游、学生群体的旅游产品等，比如漓江山水研学旅行、阳朔民俗文化体验营等，取得了较好的市场效果。

3. 互联网广告精准植入

互联网广告的精准投放依赖于大数据和算法技术的支持。营销一方根据用户画像与行为分析精准锁定目标客户群，如以 LBS（Location Based Services）技术为基础的精准广告投放，通过分析用户所在位置，进行有针对性的广告投放，从而实现广告触达率、转化率的最大化。这类广告包罗万象，从搜索到视频平台都有它们的身影。在不同的空间、不同的时间段，广告呈现给消费者的内容、形式、方法各不相同，用"挂钩"消费者需求的方式促进广告的有效传达。以"西安文旅之声"公众号为例，通过微信朋友圈发布广告就成为提高其产品接触率的重要手段之一，其"广告+视频号+直播"的营销模式在陕西省内形成了良好传播效果。

三、西部地区数字旅游业营销设施建设的挑战与对策

（一）西部地区数字旅游业营销设施建设的主要挑战

1. 数字营销人才短缺

西部地区旅游区域面临最严峻的问题是缺乏数字营销人才。数字营销涉及IT、营销、数据等复合专业知识，必须熟练掌握市场发展趋势，利用数字营销渠道进行有效的市场推广。在区域经济水平、地理位置等客观条件下，西部区域缺乏足够的数字营销人才以及复合型人才，造成上述区域的人才流失现象。本地高等院校中的数字营销相关专业建设落后，由于缺乏IT技术专业的教学资源，很难培养出符合相关企业发展的数字营销复合型人才，导致当地旅游企业在国内数字营销渠道、数字营销内容、数字营销推广等方面缺乏同领域中的领军人才，无法高效地利用数字营销推广技术提高企业产品知名度，提高旅游企业的核心竞争力。

2. 数据安全与隐私保护问题

西部地区旅游营销设施建设面临的主要难题还包括数据安全与隐私保护问题。随着大数据技术的普遍应用，基于数据的数字化营销不可避免地引发旅游企业获取大量游客个人信息的问题，游客个人信息包括姓名、消费记录、出行意向等。然而由于这些信息很多涉及游客的个人隐私，一旦泄露，将严重侵害用户的利益，造成严重的经济损失。随着技术的发展，相关数据库服务的安全与隐私保护技术已取得一定成就，但仍面临信息的机密性、完整性和完备性以及数据查询隐私性保护等诸多挑战。同时随着相关法律法规对数据安全与隐私保护要求越发严苛，企业无法合规经营的问题将给市场营销建设带来巨大的合规风险，阻碍营销设施的正常落地。

3. 营销效果评估困难

在西部地区旅游业的营销设施建设中，如何准确评估营销效果是一个亟待解决的问题。传统营销效果评估指标不能完整地反映数字营销的多样绩效。数字营销的传播渠道繁多，传播路径零散，游客的出游轨迹难以完整地追踪采集和解

析，同时，绝大部分旅游企业的数据分析技术及工具应用发展相对滞后，企业缺少专业数据分析队伍对大规模的营销信息进行分析与解读，不能有效地估计营销投入产出比，无法依据评估结果改进营销方案，营销设施资源严重浪费。

（二）西部地区数字旅游业营销设施建设的对策建议

1. 加强数字营销人才培养

人才培养应首先从高校入手，缩小高校教学与社会需求之间的错位。各大高校应重新设计数字营销专业的教学体系，将理论与实践相结合，注重培养学生的创新和实操双重能力，并在此基础上对课程内容进行更新，将最新的数字营销工具和技术融入课堂之中，如大数据分析、人工智能、社交媒体营销等。除此之外，还应多方协同建立校企合作机制，学校和企业共同开发课程，共建实验室，共同开展相关培训等工作。通过这种方式，学生通过学校平台能够获得更多的实习实训机会，企业同样能够为社会培养相关人才。

2. 完善数据安全与隐私保护机制

随着旅游业数字化营销的深入开展，大量游客数据被收集和利用，数据安全与隐私保护成为不容忽视的问题。为了有效规避风险，旅游数据管理平台可以从技术手段和制度体系两个途径入手。旅游数据管理平台可以采用加密算法和防火墙等技术手段来保障游客数据在收集、存储、传输、使用过程中不被泄露。在制度体系方面，旅游业平台可以建立健全自己的体系来保障数据安全，明确数据控制者的信息安全义务及数据标识主体信息权利，通过严格的数据使用规定及管理制度，确保数据在各个环节的使用安全。当然，通过立法的法律部门也可以借鉴欧盟《通用数据保护条例》（GDPR）等国外先进经验，制定符合我国国情的相关数据保护法律体系，从法律角度加强对数据安全和数据隐私的保护。

3. 建立科学的营销效果评估体系

科学的营销效果评估体系是优化西部旅游业营销设施建设的重要依据。企业在营销效果评估方面指标单一、方法不科学是目前旅游业中的通病。一是建立科学合理的指标体系，不仅要关注游客数量和旅游收入的指标，还要增设游客的满意度、品牌知名度、社交媒体影响力等指标，多方位地评价营销设施的作用；二是在营销活动中，引入大数据分析、人工智能等评估技术，对营销设施和营销活动进行实时监控、评估和评价，发现问题及时修正营销方案；三要建立有效的反馈机制，及时掌握游客的意见和建议，不断改进服务设施和服务工作。

第四节　西部地区数字旅游业的产业基础设施建设

西部地区旅游业的产业基础设施数量不仅与东部地区相比存在较大差距，而且产业的数字化程度也较低，亟须进行改造和升级。

一、西部地区旅游业产业基础设施建设现状

从供电方面看，西部地区电力基础设施以火电和水电为主，近年来太阳能和风能发电在新疆、甘肃、宁夏、内蒙古等地发展较快，但电网智能化水平低，配电网扩容压力大。从供水方面看，西部的供水系统在省会城市和县以上城市与重点工业区已形成较为完善的管网系统，但在偏远农村和许多乡镇面临设施老化、水源不足等问题。从供热系统看，覆盖范围主要是城市，水、电、气的供应状况不能满足发展乡村旅游的市场需求。

从 5G 基站与互联网覆盖来看，省会城市和中小城市已基本实现全覆盖，而远离大中城市的偏远地区仍然存在信号盲区，不利于自驾游的发展。从新能源汽车充电桩设施看，则更为滞后。以陕西为例，陕西是西部地区比较发达的省份，新能源汽车产业发展也在西部地区处于领先地位。但截至 2024 年底，陕西省公共充电桩仅 1.7 万根，且主要集中于省会城市，县域覆盖率不到 30%。西部地区面积广大，大中城市少，公路交通在旅游业发展中发挥着关键作用，充电桩不足将制约新能源汽车的运行与旅游业的发展。[①]

西部地区产业基础设施发展中的主要问题是供不应求，区域发展不平衡，基础设施高度集中于省会城市和经济强市，县域和乡村投入不足。

---

① 资料来源：陕西推进充电基础设施建设，缓解"补能焦虑"加速绿色出行［N］. 科技日报，2024-10-29.

二、西部地区未来产业发展基础设施对策建议

（一）优化产业基础设施空间布局，促进均衡发展

在水、电、气的供应方面，实施城乡一体化规划和改造计划，建设分布式供水系统和智能电网，提升县域和农村覆盖率。发挥西部地区太阳能和水能优势，发展新能源产业，推广小型模块化处理设施和光伏微电网，促进县域旅游与乡村旅游发展。西部地区的公共基础服务设施能力应争取在 2035 年左右与东部地区大体相当。在充电桩与 5G 基站建设方面，制定县域 5G 全覆盖目标，制定中心镇和高速公路服务区全覆盖目标，统一充电接口和 5G 频段等技术标准，实现跨区域数据平台整合。

（二）创新投融资模式，促进多元化投入

一是引进社会资本参与基础设施建设；二是设立西部地区基础设施建设专项资金，对县域项目提供低息贷款和税收优惠；三是与乡村振兴、生态环境保护结合起来，纳入国家项目和政府预算支出。

第八章　西部地区数字旅游产业案例分析

智媒时代，随着 5G、AI 等新技术的赋能，文化与旅游行业逐步与数字科技接轨，文旅行业正在进入数字化的加速道。《"十四五"旅游业发展规划》提出，要加快推进信息技术成果的应用普及，推动旅游业发展质量、效率和动力变革，使旅游业数字化转型成为时代趋势。中国西部地区拥有丰富的自然景观和人文风光，但各地文旅产业发展受资源分布不均、基础设施薄弱、游客体验单一等影响，发展相对落后。如何借助数字技术突破地域限制、优化资源配置、丰富游客体验，成为西部地区文旅高质量发展的核心命题。

近年来，随着国家政策的大力推动，西部数字旅游发展日新月异。在文化和旅游部多年评选的"数字化创新示范优秀案例"中，2024 年西部地区多个数字旅游项目脱颖而出。这些示范案例不仅彰显了数字技术在整合文旅资源与提升游客体验方面的显著成效，也使其成为行业典范。同时，西部地区积极探索数据资产化的路径，以青城山都江堰为例，当地成功整合了 1.29 亿条消费数据，并转化为价值千万元的应用产品，标志着文旅产业从传统的"资源依赖"向现代化的"数据驱动"转变。这些创新实践为区域经济发展注入了新的活力，也为全国文旅数字化转型提供了宝贵的"西部样本"。

然而，西部数字旅游的发展仍面临诸多挑战。区域内数字化水平存在显著差异，以贵州的全域智慧生态与新疆阿勒泰地区的大数据监测平台为例，两者在发展程度上各有千秋。技术与文化的深度融合仍有待提升，部分项目仍停留在技术展示阶段，并未充分挖掘文化的深层价值。此外，数据孤岛现象与隐私安全问题也日益凸显，制约了数字旅游的进一步发展。

在此背景下，系统地梳理西部数字旅游的创新路径与宝贵经验，对于推动区域协调发展、实现文旅资源的可持续开发具有深远的理论与实践意义。这不仅有助于总结过往的成功经验，也为未来数字旅游的发展指明了方向，助力西部数字旅游实现更高质量的发展。

第一节　政策引领下的西部地区数字旅游产业案例

本节选择了四川、甘肃、贵州和新疆四省区作为发展数字旅游业的区域案例，虽然四省区旅游业发展条件不同、效果不同，但都将政府引导、政策支持和市场需求结合起来，高度重视数字技术在旅游业转型升级中的重要作用。四省区在发展数字旅游业方面都取得了显著的成就，其做法和经验可供西部其他地区学习与借鉴。

一、四川省数字旅游产业案例

1. 四川省数字旅游发展历程

四川省旅游数字化的探索从 1980 年开始。1981 年是四川省旅游业迈入数字化的第一步，该年四川省引进美国 PRIME550 型超级小型计算机系统，通过该系统对四川省旅游资源、来川游客信息等数据进行统计整合。当前，移动互联网进入高速发展阶段，四川省旅游业数字化正处于高质量发展时期。国家层面从 2012 年开始逐步推广智慧旅游，推动景区数字化，积极打造数字博物馆、科技馆等新兴旅游服务设施。同年，四川省利用 5G、大数据、云计算、区块链等新技术助力传统旅游业转型，建成了"互联网+"全域智慧旅游、旅游 VR、AR 等数字化旅游场景，一定限度上带动了四川省旅游业发展，推动了当地经济发展。

2020 年四川省文化和旅游资源云正式上线，是全国唯一一个以文化和旅游资源为主的云平台。截至 2025 年 2 月，该平台已汇集六大类文化资源，包括文化古籍、美术馆藏品、非物质文化遗产等数据共 305 万条（件），还有旅游八大类资源，包括历史遗迹、地文景观、生物景观等数据共 24.5 万条。在数据资产化的助推下，四川省文旅转型已经取得了显著成效。

2. 四川"智游天府"平台

"智游天府"是四川省文旅服务的总入口、文旅管理的总枢纽、文旅宣传的总展馆。该平台于2020年9月正式上线,它是四川省根据《"十四五"旅游业发展规划》精神,按照"深化'互联网+旅游',扩大新技术场景应用"的要求,以满足游客需求和服务公众为切入点构建的一个综合性服务平台。

"智游天府"平台是以"数字产业化、产业数字化、数字化治理"为主线,以"管用、实用、好用"为原则搭建的智能化服务平台。平台包括"一中心、三板块",即文旅大数据中心、综合管理板块、公共服务板块、宣传推广板块,其中文旅大数据中心汇集了四川省各域文旅数据,为四川省文旅行业提供精准分析,支撑决策制定。"智游天府"的建设与运营在一定程度上促进了四川省文旅深度融合与创新发展,也为其培育了文旅数字经济的新引擎。

"智游天府"的文旅大数据中心汇集了各域文旅数据资料,初步实现了四川地区文旅数据大融合。从纵向来看,文旅大数据中心整合了各级文旅事业和企业单位的运行数据,形成了各级的有机联动。从横向来看,文旅大数据中心联动了公安、交通、气象等相关部门的文旅数据,真正实现了涉旅数据互联互通。过去,不同的单位所分管的区域和数据各不相同,且部门间有壁垒,难以便捷通畅地交换数据。现在,文旅大数据中心借助云计算、大数据、5G等新一代技术,将各域、各单位、各部门的数据汇集在一起,有效解决了数据交换共享的难点、痛点。此外,文旅大数据中心为相关部门提升文旅业运行监管水平、增强文旅资源的适配性、提高文旅宣传能力、应急情况管理等工作提供了精准的数据支撑。2022年,文旅数据中心已收集四川全省文旅数据4865.3万条,接入文旅服务企事业单位23352家,联通公共厕所、停车场等公共服务类场所近1.2万个,汇聚六大类文化资源数据271.02万条,八大类旅游类资源数据24.55万条,有效打破了"数据孤岛"情况。[①]

"智游天府"的综合管理板块为政府部门日常监管提供了一定的助力。平台通过大数据分析,辅助决策研判,畅通投诉、咨询和应急救援通道,提升应急处

---

① "智游天府"平台:打造智慧文旅的"四川功夫"[EB/OL]. (2022-11-03)[2025-02-28]. 文旅中国, https://mp.weixin.qq.com/s/zu7YywCh4UbGi12Dx1firw.

置能力：通过对接全川 1000 余家 A 级旅游景区和文博场馆，实现了全省产业运行情况的"可观""可管"，同时通过考核、通报、排名等，有力促进了各级主管部门行业监管意识和能力的提升。平台已接入全省 144 家 AAAA 级及以上正常营业的封闭式景区门票数据、43 家重点图书馆及 33 家重点博物馆预约预订数据，以及 325 家 AAAA 级及以上旅游景区 2800 多路视频监控，相关部门能够及时了解重点景区日常接待情况，也可以及时跟进游客投诉求助等情况。①

"智游天府"作为便民惠民的公务服务平台，首先，实现了政务信息资源共享和业务协同，真正做到了"让企业少跑路"，提高了办事效率，为全省文旅市场发展提供了良好的营商环境。其次，平台通过微信小程序、应用 App、微信公众号等方式，为游客提供预订、路线规划、美食推荐、投诉举报、志愿服务、观看直播等 30 多项服务。同时，平台还通过数据分析优化资源配置，提升了文旅服务质量，增强了游客体验，进一步推动了四川省文旅产业的可持续发展。

"智游天府"的宣传推广板块能够助推景区和企业对外宣传，是一种对外传播的新方式。过去，四川省文旅行业并没有统一的宣传推广标准，宣传效果不佳。现在，借助平台制定统一的宣传推广标准，实现"线上+线下"联动。平台通过打通资源方和渠道方间的信息渠道，将文化资源与旅游资源相结合，并以文化建设为导向，利用新技术赋能旅游产业发展升级，实现了全员受益。

"智游天府"平台经过不断地完善改进，对四川省数字文旅体系的创新发展发挥了至关重要的作用，数字化赋能效益作用十分突出。2021 年，平台已纳入《国家数字经济创新发展试验区（四川）建设工作方案》。四川省通过数字化创新实践，推动了全省文旅产业的高质量发展。

"智游天府"平台作为四川省文旅数字化转型的先锋，自 2020 年 9 月上线以来，成效显著。它以"数字产业化、产业数字化、数字化治理"为主线，构建起"一中心、三板块"的科学架构，成为全省文旅服务、管理与宣传的核心枢纽。平台凭借不断完善的功能和突出的数字化赋能效益，不仅被纳入国家重点工作任务清单，更推动了四川文旅产业高质量发展，成为各地文旅数字化建设的优

---

① "智游天府"平台：打造智慧文旅的"四川功夫"［EB/OL］.（2022-11-03）［2025-02-28］. 文旅中国，https：//mp. weixin. qq. com/s/zu7YywCh4UbGi12Dx1firw.

秀范例，为全国文旅行业数字化转型提供了宝贵经验。

3. 乐山"文旅行业云"平台

为贯彻落实国家数字化转型战略部署，乐山市峨眉山旅游股份有限公司打造了西南首个"文旅行业云"——乐山文旅行业云平台。该平台集云计算、大数据、人工智能、区块链等新一代信息技术于一体，形成基于"市域、县域、景域"三级联动的智慧管理体系新模式，于 2020 年 4 月建设完成。"文旅行业云"对乐山市 11 个县进行文旅数据收集，实现了对全域多维度行业监测和行业监管，并在乐山 15 个国家 AAAA 级以上旅游景区实现了全域票务预订一体化，搭建了"一部手机游乐山"的全域文旅大数据公共服务平台。通过该平台，乐山市文旅指挥调度中心可在景区三维数字沙盘、GIS 地图等应用上调取景区各景点实时视频监控，可通过变化趋势图等形式展现景区实时票务情况、接待情况等 100 多项数据内容。乐山"文旅行业云"按照国家《旅游景区数字化应用规范》、四川省《智慧旅游景区建设规范》等标准建设，采用"大中台、小前台"的方式构建起智慧景区云服务架构体系，为乐山文旅提供全域数据的信息化服务。

"文旅行业云"一方面能够精准捕捉域内游客画像，包括省内外客源地排名、游客性别与年龄、游客职业与消费能力等信息。另一方面，该数据云平台可以实时监察舆情情况，如舆情文章总量、在看率等，能够帮助文旅部门了解游客详细特征和域内舆论情况。同时，"文旅行业云"提升了全域智慧旅游综合管理水平，形成了"一机游""一机管"全域文旅大数据公共服务平台，解决了政府、景区、企业和游客这四方分别需要什么数据的问题。此外，"文旅行业云"为游客提供了数字化应用服务——智游乐山服务终端，真正实现了"一码畅游乐山"。该云平台不仅为政府管理部门提供了全域旅游大数据分析，为其进一步提升文旅业监测和监管能力提供一定的帮助，还为景区提供了全域旅游公共服务，实现了旅游营销与宣传、旅游舆情与投诉管理的诉求，同时也为游客提供了优质的服务。

"文旅行业云"初步实现了"一部手机游乐山"的文旅新业态、新模式，也为西部地区其他省区市提供了旅游业数字化的范本。截至 2022 年，乐山市全域旅游大数据中心汇集了市内旅游业的全量数据，其中包括 11 个区县的运营数据、36 个国家 A 级旅游景区、20 余处文化场馆，并接入了多个酒店资源和餐厅信息。

"文旅行业云"围绕旅游业产业监管、营销、服务三个维度打造了 32 个子系统，涵盖大数据分析、行业监测、数字票务系统、应急指挥调度、精准营销系统等。该云平台充分利用 5G、大数据、区块链等新技术实现了旅游全域旅游数据互联互通，消除了"数据孤岛"，不仅为文旅单位提供了低成本、高效率和专业性的服务产品，也加速了文旅行业数字化转型的步伐。

作为西部地区数字化转型标杆项目，该平台的经济社会效益显著。"文旅行业云"于 2019 年立项，2020 年建设完成，到 2022 年，"文旅行业云"已赋能乐山市 8 个中小景区信息化建设，其中"云订单"数据超 400 万笔，累计售票超 1300 万张，交易额超 8 亿元，累计服务游客 500 多万人次。

乐山"文旅行业云"的建设提升了乐山市的旅游吸引力和竞争力，带动了相关产业的发展，促进了就业，为当地经济的可持续增长注入了新的动力。如今，乐山已成为西部地区智慧旅游的典范，成功吸引了国内外游客的广泛关注和好评。乐山市"文旅行业云"的实践证明，以数字化重构文旅产业生态，不仅能够提升管理效能和服务质量，更能催生新的经济增长点，其"技术筑基、治理创新、服务增值"的三维转型路径，为同类地区提供了可借鉴的数字化转型方法论，具有一定的行业示范价值和实践指导意义。

二、甘肃省数字旅游产业案例

1. 甘肃省数字旅游发展现状

甘肃省作为我国重要的西部生态安全屏障、能源基地和共建"一带一路"倡议的通道，其数字旅游发展迅猛。依托"一部手机游甘肃"平台，整合全省旅游资源，涵盖 AAAA 级以上景区 113 个，累计服务游客超 2000 万人次。平台利用大数据、AI 等技术，实现精准营销和高效管理，推动甘肃文旅产业数字化转型，成为西部文博数字化新标杆。如今，甘肃省在"一部手机游甘肃"平台的基础上再次升级，打造"文旅产业数字化平台"，这标志着甘肃文旅产业在数字化转型道路上迈出了坚实的一步。

在探索甘肃省文旅数字化的道路上，"一部手机游甘肃"平台功不可没。平台包括景区智能导游导览、线路查询、语音讲解、游客投诉、分时预约等服务，这种做法在全国都属于最领先的。平台运用 5G、大数据、物联网、云计算、区块链、人工智能等前沿技术赋能文旅行业，使其焕发了新的生机。2018年，该平台的大数据中心开始建造，已接入公安、交通、气象、移动、联通、电信等多个部门，这些部门间数据共享，互联互通。平台多源数据的融合对比与分析能够提升大数据的全面性和准确性，为政府决策提供有效有价值的数据依据，便于精准施策。现在，平台大数据中心日均处理数据7亿条，包括客流分析、客源地分析、游客画像、舆情分析等信息，通过这些数据信息，能够使甘肃省文旅准确掌握来甘游客人次、停留时间、游客喜好偏向以及景区交通、住宿等情况。

2020年新冠疫情发生后，"一部手机游甘肃"迅速建成景区分时预约系统，最大限度保证了游客的安全。2021年，平台考虑到老年人上网不方便、不会预约等情况，对平台再次进行改造升级，其中包括字体变大、语音输入、操作提示、页面简洁等变化，这一定程度上解决了原平台界面操作复杂等影响老年人使用的问题，也为老年游客提供了便捷的服务。同时，平台利用5G技术接连推出5G云赏花、渭河源直播带货等多个5G直播活动，其中累计开展直播6140场次，在线观看人数超过1.12亿人次，累计创作发布文化旅游主题短视频10.4万个，播放量超过22.3亿次。这种"5G+文旅"的形式满足了外地游客足不出户欣赏甘肃美景、品尝甘肃美食的需求，还能够通过直播带货的形式帮助当地农村特产进行线上销售。

近年来，甘肃省文旅始终跟着时代走，积极按照时代要求及时调整。2024年6月，甘肃省在"一部手机游甘肃"的基础上推出"文旅产业数字化平台"。"全省文旅产业数字化服务平台"主要依托"一部手机游甘肃"平台，经过紧张的前期筹备，统筹建设集产业项目库、招商引资平台、投融资平台于一体的"一库两平台"整体架构，通过"1+N"管理体系，逐步实现文旅项目资金申报"一网通办"，数据统计"一目了然"，项目调度"一键生成"，招商咨询"一点触达"，走出了一条"数字化、可视化、网络化、智能化"文旅产业发展新路径。

2. 甘肃敦煌研究院"寻境敦煌"沉浸展

敦煌莫高窟第285窟作为世界文化遗产中的瑰宝，因其西魏时期的独特艺术风格和极高的历史价值，长期处于非开放状态，以保护其脆弱的环境。为了让国内外游客近距离感受莫高窟第285窟的魅力，敦煌研究院于2023年9月推出了

"寻境敦煌——数字敦煌沉浸展",首次通过 VR 技术实现该洞窟的数字化开放,成为文化遗产保护与传播的标杆性项目。该项目依托"数字敦煌"资源库,结合游戏引擎、三维建模等前沿技术,打造线上线下联动的沉浸式体验,旨在突破文物保护与公众体验的时空限制,推动敦煌文化的"活态传承"。

"寻境敦煌——数字敦煌沉浸展"是由敦煌研究院与腾讯联合推出的深度文化知识互动项目,综合运用了 VR 虚拟现实、三维建模、游戏引擎的物理渲染和全局动态光照等新技术,立体还原了敦煌莫高窟第 285 窟。其中该沉浸展采用 1∶1 高精度三维扫描和游戏引擎物理渲染技术将第 285 窟的壁画、彩塑及洞窟结构转化为数字模型,其表面色彩分辨率达到毫米级,实现了洞窟细节的"零距离"展示。"寻境敦煌"沉浸展通过"摩灵"对游客进行细致引导,其叙事视角清晰集中,并利用旁白将敦煌历史晦涩难懂的部分讲得生动形象,能够让游客在游玩之际了解学习敦煌文化。敦煌研究院不仅利用先进技术对莫高窟第 285 窟进行数字化呈现,还在其中融入了敦煌学研究成果。以"善"为线索设计互动游览线路,在游览过程中,游客可以随机触发壁画中的故事情节,比如"五百强盗成佛",让游客穿越到古代与 40 余位壁画内的神话人物一起奏乐玩耍,实现古今的跨时空对话。

此外,敦煌研究院设计的"游前线上学习—游中沉浸体验—游后视频留念"的全链路服务模式,有效提升了游客的文化参与感和获得感。游客可以通过"数字敦煌"的官网和微信小程序提前学习洞口知识,自由探索上百个知识点,做到"游前预习";预习结束后,游客根据指引进入莫高窟景区内设置的 VR 展厅,游客通过 VR 设备"走进"第 285 窟,在数字科技的支撑下,可以 360 度自由探索,无限制、零距离、精细化地了解洞窟内构造、塑像及壁画。虚拟游览结束后,游客还可以通过展厅内的虚拟演播厅录制个性化的打卡视频,为本次虚拟体验留存。

敦煌研究院除"寻境敦煌——数字敦煌沉浸展"外,还利用新一代数字技术建设了大空间 VR《敦煌·沙海谜窟》,该项目是基于史实和敦煌的佛教文化改编的故事,全程为游客设计了可以站在 NPC 身旁打听情报、在舞台下观看演出并"鼓掌撒花"、借由法器能力推动故事情节等互动细节,为游客的游览提供了一定的趣味性。

不管是"寻境敦煌——数字敦煌沉浸展"还是大空间 VR《敦煌·沙海谜窟》，都是敦煌研究院为保护莫高窟，减轻实体洞窟开放压力的方式之一。这种方式在尽可能延长洞窟寿命的同时能够建立永久性数字档案，为莫高窟后续的修复、研究提供数据支持。

在将文旅内容数字化过程中，敦煌研究院结合当下 AR、直播等新形式，在社交媒体进行广泛宣传，推动了敦煌文化的"破圈"传播。因此，"寻境敦煌——数字敦煌沉浸展"项目不仅是技术赋能的典范，更是文化遗产现代性转型的里程碑。它通过数字化手段重构了文物保护、学术研究与公众体验的关系，为全球文博领域提供了"保护—研究—传播—利用"一体化的中国方案。未来，随着 AI、元宇宙等技术的深化应用，敦煌研究院或许能够进一步探索虚实共生的文化生态，让千年石窟在数字世界中永续绽放。

3. 甘肃省博物馆"数字甘博"管理服务平台

甘肃省博物馆"数字甘博"管理服务平台是甘肃省在文化遗产保护与文旅融合领域的重要创新实践。该项目于 2024 年入选文化和旅游部数字化创新示范优秀案例，标志着其在推动文物数字化保护、提升公众文化体验方面的标杆意义。作为甘肃省首个综合性文物数字化管理服务平台，"数字甘博"以"科技赋能文化"为核心，通过整合实时数据采集、VR、AR、人工智能等前沿技术，构建了覆盖文物数字化全链条的生态系统，旨在实现文物信息共享、提升文旅服务质量，并探索文化遗产的活态传承路径。

"数字甘博"管理服务平台以博物馆丰富的馆藏资源为基础，涵盖铜奔马、玻璃莲花托盏、彩陶瓶等珍贵文物，通过数字化手段打破传统博物馆的物理边界，为游客提供"线上+线下""虚拟+现实"的多维互动体验，其核心目标包括文物保护的智能化、文化传播的普惠化、游客体验的沉浸化。

"数字甘博"管理服务平台以技术融合为核心驱动力，构建了覆盖数据采集、处理、展示与应用的完整技术框架，形成全链条数字化生态系统。平台通过物联网传感器与高精度扫描设备对文物进行三维建模与动态监测，实现文物状态的实时数据采集与泛在感知，为后续修复提供精准支持。同时，依托 AI 技术对文物历史背景与文化关联性进行深度挖掘，构建以"事件—人物—故事"为线索的文物知识信息，如铜奔马的数字化档案不仅包含物理属性，还包含了汉代冶铁技术、丝绸之路贸易等历史信息。在此基础上，平台通过跨终端交互设计打破技术壁垒，支持手机端扫码获取 AR 动态解说、AR 眼镜沉浸式导览及大屏端全景展示，能够在最大限度上满足游客的游览需求。

"数字甘博"管理服务平台还打造了"游前—游中—游后"全链条的服务模式。在正式游览之前，游客可以通过微信小程序或官网导览进行虚拟参观，还能够参与"丝绸之路知识闯关"互动游戏，借助铜奔马 3D 模型等资源提前规划游览线路。在游览过程中，游客可以根据馆内 AR 导览点与人工智能机器人进行互动。游客只需要用手机扫描展示柜即可触发壁画修复动态模拟，实现"即扫即学"的智慧导览。游览结束后，平台通过"数字文物库"开放高清资源下载，并推出了虚拟修复体验课程，让游客在家就可以感受文物修复过程，能让游客通过不同维度感受传统文化的魅力。

除此之外，平台还开发了研学项目，将教育也纳入数字化体系中。针对青少年，平台提供了"彩陶纹样设计工坊"等 AI 互动课程，学生们可以在虚拟陶器上绘制纹样，系统自动比对历史纹样后能够即时生成解读报告。同时，平台与学校联合开展"数字文保小使者"活动，学生可以在课余时间对文物进行调研，其中优秀调研报告可以通过馆内大屏公开展示，让学生通过自我展示的形式加深历史知识，激发学生对历史的兴趣爱好。

截至 2025 年 2 月，甘肃省博物馆"数字甘博"管理服务平台线上访问量突破 500 万人次，覆盖 60 多个国家，其中海外用户占比为 15%，平台不仅提升了文物的展示效果，更通过数字化手段拉近了民众与历史的距离。

甘肃省文旅厅调查显示，使用 AR 导览的游客满意度达 92%，较传统导览提升了 40%。这说明甘肃省博物馆数字文旅的方式满足了游客的游览需求，提高了游客游览兴趣。"数字甘博"管理服务平台通过数字化方式对馆内藏品进行存档，使文物实体展陈频率降低 30%，减轻了文物展出压力，一定程度上延长了文物寿命。

甘肃省博物馆"数字甘博"管理服务平台不仅是技术驱动的文化创新，更是博物馆职能从"收藏保管"向"智慧服务"转型的典范。其成功之处在于以数字化手段重构了文物、观众与空间的关系，实现了保护与利用、学术与大众、传统与创新的动态平衡。

三、贵州省数字旅游产业案例

1. 贵州省数字旅游发展现状

贵州省位于我国西南腹地，是西部陆海新通道的必经之地。贵州以"十里不同天"被誉为"史前文化的第一乐章"。截至 2023 年底，贵州拥有非物质文化遗产代表作 2 项、国家级非物质文化遗产 99 项、世界文化遗产 1 处、全国重点文物保护单位 81 处及国家 AAAAA 级景区 9 个。

2020 年，"一码游贵州"平台正式上线，经过四年不断更迭发展，2024 年 8 月在中国国际大数据产业博览会上，"贵州旅游——一码游贵州"新平台上线。平台以数字化形式全面整合旅游信息、旅游建议、游览路线等资源，让游客实现"一机"游贵州，实现了"数字+文旅"的创新融合。为了加快优秀文化和旅游资源的数字化转型，平台对全域 90% 的 AAAA 级以上景区视频监控进行接入，能够实时对景区运行状况进行检测。此外，平台还引入 AI 智能推荐系统，可以根据游客兴趣和行为数据，个性化推送景点和活动，提升游览体验。通过数字化手段，贵州不仅提升了旅游服务效率，还促进了文化遗产的保护与传播，实现了文化与旅游的深度融合，为全域智慧旅游生态构建奠定了坚实基础。

2. 贵州长征文化数字艺术馆（红飘带）

贵州长征文化数字艺术馆（红飘带）是全国首个以长征为主题的数字科技体验馆，也是贵州建设长征国家文化公园、打造红色文旅新业态新地标的代表性成果，其建筑面积达 5.3 万平方米。从高空俯瞰，场馆恰似一条蜿蜒的"红飘带"，由此得名。该场馆建筑造型灵感来源于"中央红军长征路线图"，并结合贵州的山势起伏设计而成。该艺术馆是由数字演艺《红飘带·伟大征程》和《红飘带·多彩飞越》两部分构成。自 2023 年 10 月试运营开始至 2024 年底，合计演出 9900 多场，接待游客超 100 万人次，已经成为贵州红色旅游的热门打卡地与必到之处。

首先，长征文化数字艺术馆（红飘带）突破以往"图片+文字""图片+视频"的展示方式，以 AR、全息影像、三维动画等数字化新技术再现红色长征之路。游客通过全息影像能够看到长征路上红军战士的身影，与他们"同行"感受长征之路的艰难。其次，艺术馆的"砥砺征途"展厅通过模拟寒流与机械传动装置的配合，为游客"再现"长征途中大雪纷飞、寒风呼啸的雪山场景，在这里游客仿佛与红军战士一起置身于真实的雪山场景，感受长征路上红军战士面临的艰苦环境；"遵义会议"展厅利用机械帷幕矩阵，复原会议现场的空间布局。在这里，游客可以瞬间穿越到遵义会议现场，与参会人员一起感受革命的激情。艺术馆为了让参会人员"重现"，联合高校专家收集分析大量史料，并运用人工智能图像修复技术，对人物的面部特征、服饰细节等进行反复校准，实现高度还原。

在艺术馆建设过程中，团队联合党史专家、学者教授对涉及的元素、历史故事、人物形象等展示内容进行严格把关。同时，创作团队根据长征历史脉络，对场馆进行不同主题区域的划分，深度挖掘长征途中令人动容的真实故事，团队用数字化的方式将其再现给游客，让游客在艺术馆体验的过程中切身体会长征路的艰辛。

为了来黔游客能够获得更好的旅游体验，长征文化数字艺术馆（红飘带）不断根据游客需求进行改进。如艺术馆在广场上设置装甲车体验区，吸引众多游客打卡；艺术馆内融合当下流行的咖啡、文创产品为游客提供具有纪念意义的伴手礼。每逢假期，艺术馆还会组织各种活动，如"打卡贵州之旅第一站"欢乐挑战赛等活动，以及"布依族甩糠包""拓画"等非遗技艺体验，以此丰富游客的参观体验。

长征文化数字艺术馆（红飘带）通过现代数字化手段打破了传统红色文化展示形式的局限。馆内通过一系列沉浸式体验项目，能够让游客尤其是青少年深刻地感受到红色长征文化，从而激发他们的爱国情怀和情感共鸣，使红色长征文化在新时代焕发新的生机和活力。这种"数字+文旅"的表现形式也为其他省区市内的红色文化场馆提供了借鉴思路。自"红飘带"运营以来，接待游客数量众多，已成为贵州红色旅游的新打卡地标，一定程度上提升了贵州旅游的吸引力和影响力。同时，艺术馆以数字化串联红色文化，丰富了旅游消费场景、延长了游客停留时间、促进了旅游消费，为旅游产业的高质量发展提供了新思路。

此外，该艺术馆还为党政机关、企事业单位开展党性教育，以及学校组织研学活动提供了优质的场所，其通过自研开发的音乐思政课、音乐党课、科创美育等12门课程，将党史学习教育生动融入思政教育，能够帮助培养民众的爱国主义情怀和历史使命感。通过这种创新模式，艺术馆不仅传承了红色文化，还促进了教育与旅游的深度融合，为地方经济发展注入了新动力，同时也展现了红色文旅的独特魅力。

四、新疆数字旅游产业案例

1. 新疆阿勒泰地区数字旅游发展现状

新疆阿勒泰地区位于新疆北部，是"丝绸之路经济带"北通道和新疆参与中蒙俄经济走廊建设的重要节点城市，被称为"中国雪都"。该地区拥有壮丽的自然景观和丰富的文化资源，是新疆旅游的重要区域。近年来，随着数字技术的飞速发展，新疆阿勒泰地区积极探索数字旅游之路，利用数字技术提升旅游体验、优化旅游管理、推动旅游产业发展。

在发展初期，阿勒泰地区数字旅游主要集中在基础网络的设施建设，还无法利用互联网进行有效宣传。随着移动互联网的普及，阿勒泰地区数字旅游开始进入快速发展阶段。阿勒泰地区各景区积极开发线上服务功能，如喀纳斯景区开设了线上分时预约购票通道，游客可以通过微信公众号或小程序，自由选择入园日期、票型及时间段，有效缓解景区人流压力，提升游客游览体验。同时，景区内还设置了智慧旅游触摸一体机，游客能查询门票、酒店、餐饮、线路产品等信息，满足多样化需求。

近两年，阿勒泰地区运用大数据、5G、云计算、人工智能等现代前沿技术，推动旅游产业全方位升级。首先，阿勒泰地区积极探索"数字+文化"模式，通过数字技术，将人类滑雪起源地等文化资源转化为数字化展示内容。其次，景区还利用数字化管理手段，实现对游客流量、设施运行等信息进行实时监控与管理。通过安装在景区入口、重要景点的摄像头与传感器，收集游客流量数据，当景区游客数量接近最大承载量时，系统自动预警，景区管理部门可及时采取限流、分流措施，保障游客安全与游览质量。同时，运用大数据技术，实现了阿勒泰地区全域旅游数据的交换和共享，为地区相关部门提供旅游监管和决策的数据依据支撑，为游客提供更精准的服务营销，提升游客舒适度和满意度，阿勒泰地区旅游业数字化生态基本形成。

2. 旅游市场监测与决策平台

新疆阿勒泰地区作为"中国雪都"和"人类滑雪起源地",近年来依托得天独厚的冰雪资源与自然景观,积极探索文旅产业数字化转型路径。在此背景下,阿勒泰地区旅游市场大数据智能监测及数字决策辅助平台顺势而生。该平台于2022年3月正式投入运行,并成功入选文化和旅游部"2022年文化和旅游数字化创新实践十佳案例"。

平台运用大数据、5G、AI等现代新技术,连接交通、公安、景区、宾馆等多个部门数据,实现游客人次、游客客源地、游客出游时间、游客出游半径、游客花费水平和各类结构数据动态管理,实现全域旅游时代"全行业、全要素、全方位"旅游市场监测和统计,为相关部门进行数字旅游决策提供了一定的帮助。该平台于2022年3月开始运行,由"1+7+1+1"体系构成,包括大数据中心、七个关键数据应用平台、专业化运营机制、移动展示系统。平台实时监测各项数据并生成分析报告,为阿勒泰地区旅游业发展提供重要数据依据。

平台通过海量异构数据采集与集成技术,集成多种渠道获得的各种类型的结构化、半结构化及非结构化海量数据;应用电子记录数据处理技术处理阿勒泰地区游客属性、位置、行为、消费、互联网评价反馈等信息;采用大数据分析及挖掘技术,主要应用统计抽样、神经网络和语义引擎方法处理游客识别、语义情感分析等。

一方面,平台运用大数据技术对全国文旅市场进行纵向、横向对比,不仅掌握了来阿勒泰地区旅游的游客数量情况、游客停留时间、游客旅行线路,还能够根据具体数据测算出阿勒泰地区旅游业发展水平。另一方面,通过数据分析,平台可以精准预测旅游高峰期,优化资源配置,提升服务质量,助力阿勒泰地区文旅产业高质量发展,进一步巩固其在国内外的旅游品牌地位。

自平台运营以来,已累计生成阿勒泰旅游经济运行监测报告、冬季旅游发展专项报告等报告[①]39份,其数据产品"游客画像分析系统"被本地酒店用于精准营销,客房入住率提高了15%。

---

① 阿勒泰:为讲好本地旅游高质量发展故事创新搭建数字化监测与决策支撑平台 [EB/OL].(2024-10-23) [2025-02-28]. 文旅中国, https://www.sohu.com/a/591872035_120006290.

阿勒泰地区通过该平台数据共享系统打破了部门壁垒，如文旅局与交通部门协同优化景区接驳路线，2023 年喀纳斯景区拥堵投诉量下降 52%。阿勒泰地区旅游市场监测与决策平台以数据驱动为核心，通过技术创新与机制协同，实现了从"经验决策"到"科学治理"的跨越，其成功经验为西部欠发达地区文旅数字化转型提供了范本——既需顶层设计整合资源，也需直面技术伦理与区域均衡挑战。未来，随着"数字中国"战略深化，此类平台有望成为文旅高质量发展的核心引擎。

上述四省区案例的共通点是政策引领，各省区均强调 5G、AI、VR/AR、元宇宙等数字技术在文旅场景中的运用和在智慧景区的管理，强调通过建设文旅大数据平台推动数据整合与数据共享，从而实现旅游资源优化配置与科学决策，强调培育旅游业新业态。

第二节　景区数字化提升案例

政府的政策引领是区域旅游业的发展方向、目标、途径和政策扶持重点。而景区的经营管理则是一种市场化行为，一般由旅游企业或事业单位负责经营，直接面向游客。因此，其数字化技术运用是以市场需求导向，以效率提升为目标。

一、西安城墙景区管理委员会的数字化创新

西安市作为十三朝古都，拥有丰富的历史古迹和文化遗产，其中西安城墙是中国现存规模最大、保存最完整的古代城垣建筑，始建于隋唐时期，全长 13.74 千米。近年来，西安城墙不断受自然侵蚀和人为因素的影响，面临保护与修复的双重挑战。2023 年，西安城墙打造了一套集文物保护、文旅运营、应急管理、防汛指挥等功能于一体的"文化遗产数字化保护利用综合解决方案"，实现了关键技术突破及文保文旅数据的融合共享。

西安在西安城墙安装了 4000 多个传感器，包括倾角仪、测缝计、沉降监测点等，实时采集墙体位移、裂缝、温湿度等数据。例如，永宁门瓮城采用垂直型

固定式倾角仪监测水平位移，护城河设置 31 个地下水位监测点，地铁沿线布设震动监测设备。另外，西安城墙管委会中心会定期使用无人机对城墙高处进行高精度扫描，并生成三维模型辅助决策。①②

"数字方舱"平台通过整合文物监测、客流统计、应急指挥等功能，实现了"一屏统管"。平台建立了四色预警系统，分别为绿色、黄色、橙色和红色。2021年夏，因雨水问题导致墙面裂缝，在红色预警后，西安相关部门紧急采取城上卸荷、城下加固的措施。平台还可以通过 AI 算法分析监测到的数据，为城墙管委会中心及时提供修缮建议。而且，该平台能够实时统计游客数量，当游客到达人数限制后将会采取限流策略。

除此之外，西安城墙还利用 VR、AR 等技术开发了 AR 导览小程序，游客通过 VR 眼镜即可通过无人机视角"飞越"城墙，俯瞰城墙全貌；含光门遗址博物馆通过运用裸眼 3D 与数字投影技术，还原唐代水利系统与长安城风貌；唐长安城智慧沙盘通过灯光投影展示"百千家似围棋局"的盛唐格局。这些"数字+文旅"模式为游客带来沉浸式体验。区块链技术在其中也发挥了重要作用。西安城墙利用区块链技术推出了"西安城墙小武士""砖集·升平"等数字藏品，游客购买后可以获得线下活动门票，从而实现线上线下联动。

西安城墙的数字化创新实践，不仅为古建保护提供了"预防性保护+智慧化运营"的范本，更通过科技与文化的深度融合，重新定义了文化遗产的当代价值；不仅为游客带来了全新的文化体验，激发了公众对历史遗产的关注与保护意识，也在一定程度上推动了文旅产业的可持续发展。

二、青城山都江堰：数据资产运营

青城山都江堰通过斑马中国文化数据运营平台，整合了景区内外 1.29 亿条数据资源，涵盖游客消费记录、交通轨迹、社交媒体舆情等多元维度。③ 青城山

---

① 智能物联在古都西安：助力西安城墙预防性保护、智慧化管理 [EB/OL]. [2025-02-28]. HIKVISION, https://www.hikvision.com/cn/NewsEvents/SuccessStories/focus/CityWall/.

② 让古城墙焕发新生机（倾听）[EB/OL]. (2023-02-08) [2025-02-28].《人民日报》海外网, https://www.sohu.com/a/638323499_115376.

③ 泽登旺姆. 西部首个文旅数据资产运营管理案例发布 [EB/OL]. (2024-12-14) [2025-02-28]. Copyright 成都日报数字刊报. https://www.cdrb.com.cn/epaper/cdrbpc/202412/14/c142458.html.

都江堰景区为了能够更加精准地收集动态数据，在游客游览途中的各个节点都进行了数据采集点。都江堰景区在景区入口处设置了人脸识别和电子票二维码装置，当游客在网上购票平台下单后，游客就可以通过该装置刷脸或扫码入园，既能够实现游客快速入园，减少排队时间，又可以动态记录游客的入园方式和时间，方便后台进行游客画像数据分析。除了景区门口，在游客游览途中，如就餐区、休息区等地点，都能够实时收集游客在此处停留的时间和移动轨迹。另外，景区内设置有智能导览屏、语音讲解设备等交互设施，当游客使用这些设备查询资料时，后台也可以记录游客的浏览数据并通过分析该数据了解不同游客的兴趣偏好。都江堰景区除了收集游客画像、运动轨迹、兴趣偏好等数据，还整合了园区内各项运营数据。入驻景区商家的基本信息、售卖情况、店铺所处位置等数据，园区内交通的运行班次、当日载客量及景区设备维修情况都会被一一收集在数据中心。都江堰景区通过收集分析以上数据，可以更直观地了解整个景区的运营状态。

都江堰景区通过分析收集游客数据后发现，游客画像不同，他们所购买的产品也并不相同。为了能更精准地服务游客并对文旅产品品类进行更新，景区通过对游客地域、年龄、消费偏好等数据分析，将游客划分为家庭游客、背包客、研学团队等不同类型。都江堰景区通过大量分析游客的游览数据，为不同偏好的游客设置最优的游览路线，还会根据游客的停留时间为游客推送位置附近的景点。都江堰景区考虑到游客的住宿偏好问题：以家庭为单位出游的游客一般会选择家庭房或套房，背包客为节省开支会选择性价比高的青旅或特惠标间，老年人则一般会选择电梯房及安静舒适的环境。为满足不同游客的住宿需求，景区与附近酒店进行合作，根据不同游客需求进行精准推送。景区通过数据共享合作，向合作商家收取推广费用，而商家通过这些数据对房间进行调整，以此吸引更多的游客前来居住，这种双向的合作模式能够在一定程度上保证两者的共赢。

都江堰景区通过市场调研和游客数据分析，调整了过去单一的销售门票和文旅产品的方式，逐步开发了多种个性化旅游线路并结合网络进行多渠道宣传销售。部分游客不喜欢走马观花的旅游形式，更倾向于深度体验的旅行。对于这类游客，景区将有针对性地推出"探秘之旅"，包括水利专家陪同讲解都江堰水利工程构造、实地参观都江堰核心地区及模拟实验等体验项目。都江堰附近被山脉环绕，地势起伏大，对此，景区对热爱爬山的游客提供"青城山徒步观光之旅"，在游客徒步过程中，景区也会配备专业的向导和医护团队。在普通门票和个性化旅行项目这两者的加持下，都江堰景区在提高销售额的同时还满足了游客多样化的旅游需求。

都江堰景区经过数字化改进后，完成了向数字化运营转型的目标。通过游客画像可以使景区更深入地了解游客需求，为游客提供不同偏好的旅游产品，也在一定程度上提高了游客的满意度。在数字化的运营下，景区也实现了降本增效的运营目的。

三、中国天眼景区：天文科技旅行新范式

中国天眼景区位于贵州省，又称中国天眼科普基地，是国家 AAAA 级旅游景区。景区依托被誉为"观天巨目、国之重器"的 500 米单口径球面射电望远镜（FAST）而建，以射电望远镜台址为圆心，涵盖半径 5 千米内的电磁波宁静区核心区。

中国天眼景区拥有丰富独特的天文资源，于 2016 年 9 月面向公众开放。国内外不少天文爱好者慕名前来。2016 年开园初始，天眼景区只有瞭望台和国际天文体验馆。经过多年发展，景区游玩项目不断增加，包括天文时空塔、时光之门、商业街等。这些丰富的游玩项目不仅满足了游客对天文知识的需求，也给他们带来了深刻的旅行体验。

随着元宇宙概念的兴起，不少游客对元宇宙产生了一定的好奇。在了解游客的需求后，中国天眼景区于 2024 年 10 月向公众开放了元宇宙体验中心。在这里，游客可以通过全息投影、裸眼 3D、MR 等新技术深入了解中国天眼的内部构造和工作原理。过去，导游枯燥的讲解无法进一步激发游客对天文的兴趣，为改变这一现状，景区开发了天文知识沉浸式互动电影，让游客通过观看电影这一轻松的方式了解学习天文知识。除此之外，游客戴上元宇宙中心提供的 VR 头盔后，就可以瞬间从平塘大桥等景点进入元宇宙的虚拟空间，在这里可以身临其境地了解中国天眼景区的发展历程。这种身临其境的游览方式让不少孩子对天文学产生了更浓厚的兴趣，天眼景区也因此成为天文科普教育的热门景点，不少家长

带孩子前来学习天文知识。

平塘县为进一步提高景区名气，拉动当地文旅产业，以中国天眼景区为中心，整合周边的旅游资源，打造"一站式"旅游服务。当地除了中国天眼景区，还拥有平塘特大桥、峡谷、打岱河天坑群等人文和自然景点。通过整合旅游资源，平塘县设计开发了户外徒步旅游线路等，可以与中国天眼景区组合形成"观天探地"的特色观光旅游线路。

中国天眼景区通过数字化转型，符合当下的旅行趋势，为游客提供了特色服务和沉浸式体验。景区将科技与旅游进行深度融合，不仅满足了游客的个性化需求，提升了景区名气和竞争力，也为之后其他地区尝试科技旅游发展提供了样本。

上述景区旅游通过数字化提升不仅极大地增加了景区的旅游收入，为景区保护提供了经济支撑，还为其他西部地区旅游企业和事业单位提供了经验与示范。

专栏

浙江省案例——全国数字旅游的标杆示范区①

在全国的旅游业发展中，西部地区与东部地区存在很大差距。在东部地区的旅游业发展中，浙江省的旅游业则处于"领头羊"的地位。从世界遗产的拥有量来看，截至 2024 年，北京拥有 7 项，河南拥有 6 项，云南拥有 6 项，四川拥有 5 项，均多于浙江拥有的 4 项。但据《中国文化文物和旅游统计年鉴 2023》统计：无论是已建成的 A 级景区数量，还是 A 级景区的门票收入，都居全国第一位，接待人次仅次于江苏，居第二位，但 A 级景区门票收入高达 36.24 亿元，远高于江苏的 18.02 亿元、北京的 14.26 亿元，比四川和陕西 A 级景区门票收入的总和还多。这表明旅游资源在旅游业发展中并不完全起决定作用，要将资源优势转化为经济优势还需要其他条件。分析其原因：一是按照经济规律办事。以市场需求导向，在符合市场需求的前提下发挥资源的比较优势；二是政府高度重

---

① 浙江省案例：笔者根据《中国文化文物和旅游统计年鉴 2023》和《杭州市旅游国际化行动计划（2024-2026 年）》等总结编写。

视，政策引领；三是大力发展数字旅游和智慧旅游，培育旅游科技企业。

从经济规律来看，当人们的传统物质需要得到基本满足后，对精神生活的需求就会大幅度增加。人们的精神生活也是多样的、多层次的，这就要分析游客群体客源主要是由哪些人构成。从《大圣归来》《姜子牙》《哪吒之魔童闹海》等动漫作品风行国内外，就可看出现代科技与传统文化相融合的趋势。浙江省看到了这种趋势，他们便"变废为宝"，"无中生有"地把杭州钢铁厂锈迹斑斑的高炉遗址区改造成为集文化艺术、观光旅游、休闲消费等功能于一体的大型公园，建设了运河湾国际旅游休闲综合体。公园保留了工业遗存的旧有风韵，还举办了品牌音乐节。

从政府高度重视来看，浙江省不仅是在口头上重视，更是体现在行动上。2022年浙江省文化和旅游费支出占财政支出比重为0.93%，处于全国第一名的投入高位。这表明政府财政对文化旅游基础设施建设的支持力度大。政府还制定了《浙江省智慧旅游创新发展三年行动计划（2025-2027）》，提出到2027年培育10个文旅产业平台和30家重点企业，推动5G网络在重点旅游场所全覆盖。从2021年起，浙江省便启动了文化和旅游数字化改革，以"诗化浙江"信息服务平台为核心，推动文旅产业信息共享。2025年，浙江推出入境游全链条便利化改革，涵盖签证、支付等八大领域。

从技术角度看，浙江主要是培育智慧旅游企业生态，推动中国（之江）视听创新平台发展，促进文旅企业与科技企业合作。同时，景区还创新了营销模式、服务模式和管理模式。如《黑神话：悟空》与浙江美景相结合。随着国产3A游戏《黑神话：悟空》的上线，浙江省网络视听媒体矩阵共同发布了多条短视频和话题，如"跟着悟空游浙江美景"等，将游戏中的浙江场景与现实旅游目的地相结合，吸引了大量游客前往打卡。这促进了文化与旅游的结合、科技与文旅的结合。又如综艺节目《种地吧》播出后，其拍摄地便成了乡村旅游的热门目的地。当然，浙江省旅游业发展得又快又好的根本原因还是经济整体发达，经济实力雄厚，电子信息产品制造业、通信业、软件业和信息服务业对旅游业产生了强大的支撑作用。

尽管如此，东部地区与浙江处于同一发展水平的其他省市，旅游业却远不如浙江，浙江省这一案例有全国性的示范意义。

浙江省通过市场需求导向、政策引领、技术创新和生态构建，形成了以数字化为核心的发展模式。这一案例表明：文旅企业数字化转型既需要技术创新，又需要解放思想，从实际出发，进行管理体制改革。这是西部各地区在旅游业发展中值得学习和借鉴的经验。

第九章　西部地区旅游产业创新与深化改革探索

西部地区旅游业未来发展的趋势是以创新驱动为动力，促进产业创新升级，把西部地区旅游业建设成为区域数字支柱产业，实现高质量发展的目标。创新是未来西部旅游业发展的动力和关键。它主要体现在两方面：一方面是通过互联网、云计算、大数据、人工智能等新一代数字信息技术的运用，促进西部地区旅游业新质生产力的发展；另一方面是通过深化改革、扩大开放，发展战略创新、制度创新、政策创新和管理创新，实现西部地区旅游业发展中的生产关系与发展方式变革。

第一节　旅游产业创新中的新业态、新模式和新领域

一、西部地区旅游产业创新中的新业态

西部地区旅游业的未来发展中，将会催生和促进夜间经济、低空经济、游轮和邮轮经济、沙漠旅游经济等旅游新业态的产生和兴旺。

1. 夜间经济

西安的大唐不夜城以唐代文化为主题，开发了"长安十二时辰主题街区"，通过数字化复原唐代的文化场景，结合沉浸式演艺等活动，扩大了夜间消费，吸引了大量游客，发挥了引领性作用，未来会很快扩展到四川、重庆等地区。重

庆、四川等西部地区发展夜间经济有三大优势：其一是城市依山傍水，紧邻长江，城市立体感强，利用声、光、电、信息等技术容易打造出瑰丽的梦幻旅游场景；其二是重庆、四川等地夏季受副热带高压影响，气候炎热，当地民众和游客均有夜间休闲和活动的意愿；其三是城市人口量大而集中，发展夜间经济、促进夜间旅游容易形成较大的规模，延长服务业营业时间。这一旅游新业态在西部地区有很大发展潜力。

2. 低空经济

西部地区有很多世界遗迹与自然风光景区远离大都市区，乡村与原野面积广大，人口稀少，居住分散，通过无人机和直升机观光、拍摄是西部地区更为便捷的旅游方式。2024 年，"低空经济"首次被写入我国政府工作报告，得到了各级地方政府的热烈响应并采取行动。乘坐无人驾驶的飞机或直升机俯瞰西部的雪峰、冰川、峡谷、沙漠、高原、草地等极可能成为年青人旅游和家庭旅游的新时尚。

3. 游轮和邮轮经济

游轮是短距离的内河旅游，邮轮是长距离的海洋旅游和跨国旅游。两者都是乘坐轮船旅游，但邮轮的船体更大、服务设施更齐全、船上游客更多。西部地区面积广大、人口众多，对于深处内陆的人们来说，江河与海洋是通向远方的梦幻之旅，游轮和邮轮旅游具有巨大的吸引力。

从重庆出发的游轮将重庆大都市和长江三峡紧密结合在一起。重庆大都市的山环水绕、道路系统和建筑风貌层次多、立体感强，给人以魔幻城市的影像。长江三峡西起重庆市奉节县白帝城，依次经瞿塘峡、巫峡、西陵峡到达湖北宜昌市南津关，使人不禁想起诗人李白的千古名篇"朝辞白帝彩云间，千里江陵一日还。两岸猿声啼不住，轻舟已过万重山"。乘坐该趟游轮旅游不仅能观赏两岸都市风光、长江上游三国遗迹，还能经五级船闸观看现代世界著名水利工程三峡大坝。

广西平陆运河未来开始营运后，从南宁出发的游轮可经西江、横江、平陆运河、钦江等江河到达北部湾海岸城市，领略沿岸的亚热带风光。而西部陆海新通道的兴旺与道路两旁经济的发展，将促进广西北部湾地区的海滨城市的繁荣与邮轮旅游经济的兴起，乘坐邮轮从广西海滨城市到东南亚旅游将成为现实。

4. 沙漠旅游经济

中国西部是世界上沙漠广布的区域,沙漠面积约 80 万平方千米,包括塔克拉玛干沙漠、古尔班通古特沙漠、巴丹石林沙漠、腾格里沙漠、柴达木沙漠和库姆塔格沙漠六大沙漠。沙漠旅游活动丰富多彩,包括滑沙、沙浴、沙漠越野、沙漠赛车、沙漠露营等内容,冒险旅游和生态旅游是其特色。自 1987 年宁夏沙坡头旅游正式经营以来,游客逐年增多,该景区也于 2007 年被国家批准成为 AAAAA 级景区。新疆是我国沙漠面积最大的区域,治沙成就巨大,纵贯塔克拉玛干的高速公路为游客敲开了沙漠的神秘大门。为了推动"沙漠经济"快速发展,新疆出台了《加快推进沙漠经济创新发展的工作方案》,提出到 2025 年,基本解决"沙漠经济"发展中的基础薄弱、有效投入不足、规模化程度低、综合效益不高、发展不平衡等问题。西部地区治理沙漠的成就和绿洲经济的发展将促进沙漠旅游成为新的热点。

二、西部地区旅游产业创新中的新模式

西部地区旅游业未来产业发展的新模式主要体现在旅游业与其他产业的融合发展方面,包括旅游与文化体验的融合,旅游与青少年学生"夏令营""冬令营"的结合,旅游与科技活动的结合等。

1. 旅游+文化模式

这种模式是将西部地区的历史、文化、民族风情、生态等元素与旅游融合起来,利用歌舞、戏曲、微短剧等形式和创意内容,打造景观的互动体验模式。

2. 旅游+"夏令营""冬令营"模式

中国的中小学生、大学生、研究生数量庞大。西部的自然风光与历史文化遗迹对于青少年学生具有巨大的吸引力。西部的旅游业具有季节的高峰性特征,而青少年学生也有暑假和寒假。在西部条件适合的 AAAAA 级景区附近建立一批"夏令营"和"冬令营"基地,既可吸引大批东、中、西部的青年学生到西部旅游,增长见识,又可在夏令营、冬令营举行国内外青年学生的各种交流活动,促进"一带一路"沿线地区各国的深入文化交流,扩大中国的影响。

3. 旅游+科技活动模式

未来的中国会形成学习自然科学和技术知识的热潮。旅游不仅是休闲度假的

时期、娱乐的时期，也是学习的时期。如果在西部地区景区建立一批综合性科技场馆，在科技场馆内储存和售卖电视机、手机、无人机、汽车、轮船、发动机等现代机械设备和机器人的微型零部件，让青少年学生通过动手将分散的零部件组装成产品，会使大批青少年学生和成年游客产生一种成就感，这既提高了游客的动手能力，又传播了科学与技术知识。在科技场馆将散装零部件组装成功为产品后，可由游客带走作为纪念品。这种模式在未来必然会从无到有、从弱到强地发展成为一种时尚新模式。

三、西部地区旅游业未来发展的新领域

西部地区旅游业未来跨境旅游新领域会持续扩大，国际旅游业合作会成为常态。随着中老铁路的开通和运营、陆海新通道的延伸和完善、中俄边境过境人员与经贸活动增加，内蒙古边境旅游、云南过境旅游、广西边境旅游等会很快扩大，并形成较大规模。对于这种西部地区旅游的新领域，应当制定完备的法规，促进其规范化、制度化、便利化发展。

西部地区未来的旅游业发展中，不仅会使用大量现代信息技术改造提升传统旅游业，使用无人机、直升机发展低空经济，还会通过发展现代农业来建设美丽乡村。

第二节　发展现代农业，促进乡村旅游

改革开放以来，乡村旅游已在中国大地上蓬勃兴起，具有巨大的发展潜力和空间，发展现代农业与乡村旅游之间有着紧密的联系。自 1980 年以来，中共中央和国务院每年发布的第一份文件通常都是指导中国农业农村发展的重要政策文件。2012 年的中央一号文件强调要全面推进农业农村的信息化。2016 年的中央一号文件提出要深入贯彻落实发展新理念，大力推进农业现代化，确保亿万农民与全国人民一道迈入全面小康社会。2018 年，中共中央、国务院发布了《中共中央　国务院关于实施乡村振兴战略的意见》。2024 年，中共中央、国务院发布

了《中共中央 国务院关于学习运用"千村示范、万村整治"工程经验有力有效推进乡村全面振兴的意见》。在 2024 年的中央一号文件中，明确要求实施乡村文旅深度融合工程，推进乡村旅游集聚区（村）建设，培育生态旅游、森林康养、休闲露营等新业态，推进乡村民宿规范发展、提升品质。优化实施农村产业融合发展项目，培育农业产业化联合体。2025 年，中共中央、国务院发布了一号文件《关于进一步深化农村改革 扎实推进乡村全面振兴的意见》，明确要求以改革开放和科技创新为动力，加快农业农村现代化、朝着建设农业强国目标扎实迈进。文件提出深度融合，提升乡村旅游特色化、精品化、规范化水平。正是中央政策的长期支持和引领，推动了乡村的发展和繁荣，促进了乡村旅游的兴旺发展。

发展现代农业是乡村振兴的产业基础和关键，它既是农业生产力的创新，又是农业生产方式的变革和创新，在推动西部乡村旅游中发挥着下述作用：

（1）增强西部各省区市的经济实力和人均收入水平。一方面使西部各级地方政府有更多财力投入建设西部旅游基础设施，另一方面又使西部地区的居民有更多的收入用于旅游出行上，特别是乡村旅游为西部居民提供了短时期、短距离旅游的广阔空间。

（2）现代农业促进了农业的生态化转型，提供了独特的生态美景，如云南红河的哈尼梯田将千年农耕文明与现代生态农业结合，形成了"森林+村寨+梯田+水系"四素同构的立体景观，当游客们看到无人机在梯田上空施肥和喷洒必要农药时，无人机的气流与晨雾交融会形成奇妙的视觉景观。这是现代科技与传统景观的结合。

（3）科技运用促进了农旅综合经营体的形成，重塑了乡村空间景观，增加了乡村旅游价值。成都天府农业博览园将 3000 亩核心区规划为"展览、生产、村居"三位一体的空间，使会展中心与彩色油菜田相映生辉，智能大棚与川西果林和谐共生，将农业生产与科技示范体验等功能融合在一起，丰富了乡村旅游内容，增强了土地的综合产出效益。四川和重庆的一些乡村开发出"智慧鱼塘+民宿集群"项目，既发展了渔业，又满足了游客的垂钓需求，这是科技与农业和旅游业结合的又一形式。

（4）现代农业的发展延长了农业产业链。许多地区将农业生产过程转化成为沉浸式旅游项目。如陕西眉县的猕猴桃产业园将果品加工与体验旅游相结合，游客能够参加从鲜果分拣到加工生产的全过程，并定制成自己专属的猕猴桃制品礼盒。这是一种"前店后厂"的新模式。

（5）数字技术构建起虚实结合的旅游空间，创造出乡村旅游的新形式。游客可以在线下体验现实的农村生活场景，参与农业生产与销售过程；也可以通过线上活动参与栽培虚拟作物，参与跨时空的农耕社交活动。这种跨现实和虚拟世界的双重空间架构，形成了乡村旅游的新消费场景。

现代农业与乡村旅游的深度融合展现出了强大的生命力和新的经济价值、生态价值与文化价值。

中国西部的农业农村现代化建设与中国东部相比，还有很大差距。但它完全有条件在2035年前后基本实现农业现代化。国外的以色列被称为"欧洲的厨房"，其农产品在欧洲市场上占有重要地位。但众所周知，其国土的绝大部分地区处于沙漠和干旱地区，十分缺水，人均土地资源也远低于中国平均水平，农业自然生产条件并不好，以色列的农业通过技术进步实现了现代化。今天中国的现代工业体系和科学技术对中国西部地区农业现代化的支持和带动作用已非以色列可比，农业现代化的条件已完全具备，西部地区的农业现代化也一定会早日实现。

在中国西部的农业现代化过程中，不仅要以科学技术为动力，还需要深化改革，改变城乡的二元结构，对农村的土地制度、户籍制度、村镇布局等进行改革和调整，而其中最为关键的是对西部地区村、镇布局进行调整，对村、镇土地制度改革进行试点和探索。

如果未来深化改革，建议对西部地区镇和村进行布局调整：在交通方便和水源较好、自然灾害较少的地区重点建设一批现代化小镇，促进人口适当集中，这不仅有利于村镇公共基础设施的建设和功能的现代化和规模化，而且能置换出大量土地发展现代农业和乡村旅游。将西部地区村和镇的布局调整与土地利用制度改革结合起来应是西部地区发展现代农业、促进乡村旅游上新台阶的重大战略举措。

第三节　深化改革与扩大开放探索

深化改革、扩大开放是把西部地区旅游业建设成为区域支柱产业、实现高质量发展的动力和重大战略措施。对此，本书提出如下对策建议：

第一，根据发展条件的变化和成熟程度，适时调整对外开放的政策，如过境免签政策等。

国家移民管理局公告：自 2024 年 12 月 17 日起，中国过境免签政策全面放宽优化，对过境免签外国人在境内的停留时间由原来的 72 小时和 144 小时均延长为 240 小时，将免签国家增加到 54 国，将入境口岸增加到 60 个，将停留区域扩大到全国 24 个省、自治区、直辖市。外国游客可以从 24 个省（区、市）的 60 个对外开放口岸中任一口岸免签来华。24 个省（区、市）分别是北京、上海、天津、黑龙江、辽宁、河北、山东、江苏、浙江、福建、广东、河南、安徽、江西、山西、湖北、湖南、海南、陕西、四川、重庆、贵州、云南的行政区全域停留，将广西壮族自治区的停留区域扩大到南宁、柳州、桂林、梧州、北海、防城港、钦州、贵港、玉林、贺州、河池、来滨 12 市的行政区域。

随着国内外形势的变化和西部旅游业的发展，过境免签政策的适用国家数量、在我国境内的停留时间和区域将有可能进一步放宽和优化。外国人来华免税购买的商品金额也可能放宽其限制，从而增加游客在西部地区旅游时购买日用品并携带回国的数量，促进西部名特商品的形成并扩大其国际影响力。

第二，扩大外资独资医院的试点城市范围。党的二十届三中全会明确提出，推动电信、互联网、教育、文化、医疗等领域有序扩大开放。商务部、国家卫生健康委、国家药监局联合印发了《关于在医疗领域开展扩大开放试点工作的通知》，该通知提出拟在北京、天津、上海、南京、苏州、福州、广州、深圳和海南全岛设立外资独资医院。

允许试点设立外商独资医院是我国服务业领域对外开放的新探索。随着西部地区旅游业的发展和一批世界级旅游目的地的形成，到重庆、四川、陕西、云南四省市旅游的外国人会快速增加，外资企业也会增多，因此，宜在条件成熟的时候，在西部的重庆、成都、西安和昆明四大都市开展设立外商独资医院的试点工作，它将有利于满足国内外游客的多层次、多样化需求，促进西部地区服务业对外开放的深入推进。

第三，深化教育体制改革，增加西部地区旅游专门人才供给。

随着西部旅游业从传统的单一观光型旅游向生态旅游、智慧旅游、文化体验等复合型现代旅游转变，对技术型、复合型、国际型旅游业专门人才的需求会快速增长，但旅游业专门人才供给数量严重不足，文化层次偏低，专门人才短缺，现有的人才又集中于省会城市，偏远地区和乡村旅游中的专门人才极为缺乏。例如，《中国文化文物和旅游统计年鉴2023》显示：2022年国家认定的动漫企业，贵川和青海两省竟无一家，更谈不上动漫制作专门人才的聚集了。而新疆、宁夏、甘肃、西藏从事动漫业且具有大专以上学历的人才均不足百人。人才供需矛盾突出是西部旅游业发展中亟须解决的问题。学历教育是培养西部旅游业专门人才的基本途径，因此，必须深化教育体制改革。教育体制改革的内容包括：一是改革专业设置和课程设置，增设智慧旅游、生态旅游、国际旅游等专业。二是深化改革校企合作，建立产学研实践基地，一方面鼓励学生到旅游企业实习，另一方面鼓励教师到大型国际旅游企业挂职，学校与旅游企业开展多方面合作，共同促进西部旅游业的转型升级。三是在旅游院校的招生中，提高理工科学生的比重；即使是文科学生，也要开设一些必要的、与数字旅游有关的选修课程。四是与共建"一带一路"国家高校合作培养旅游业所需的国际化、专门化人才。西部地区是共建"一带一路"的核心地带，联结欧洲、俄罗斯、中东、中亚、东南亚和南亚地区，急切需要具有国际视野、外语能力、能操作和运用信息技术设备和具有跨文化沟通能力的人才。这种人才的供应一是通过本土培养，二是通过高校的国际合作联合培养。

第四，在西部增设旅游科技示范园区试点类型，扩大旅游科技示范园区数量和范围。

国家旅游科技示范园区是面向旅游业开展科技开发与运用，将旅游和科技融合取得显著成效并具有示范意义的独立管理区域，包括科技园区、产业园区、旅游景区、特色小镇等类型。自2021年8月文化和旅游部开展国家旅游科技示范园区试点申报工作以来，到 2023 年，全国已增加到 23 家。西部地区有内蒙古伊利全球智能制造产业园区、四川中华彩灯大世界、贵州中国天眼科普基地、陕西白鹿原影视景区、青海冷湖火星小镇、四川泸州老窖景区、陕西西安城墙文化旅游智慧沉浸式体验示范区等。西部地区旅游资源丰富，旅游主题多样，还可以增设一批生态园区、现代农业发展园区、红色旅游景区、夜间经济科技旅游示范区等类型为旅游科技示范园区，引领各类型主题旅游与科技相结合。

第五，制定财政优惠政策，支持西部地区旅游科技企业发展。

对于新注册成立的、科技含量高的智能影视拍摄、动漫游戏研发与制作、虚拟现实运用、电商直播、文化创意产品开发等企业可以通过融资支持、税收优惠、配套费缓缴、租金补贴等方式扶持其发展。同时，西部各地区宜根据本地实际情况制定承接东部旅游业及其相关服务业向西部转移技术、资本、人才的政策。

第四节　西部旅游地区形象塑造与传播形式创新

旅游景区和景点的知名度与形象塑造在旅游业的发展中会产生一种巨大的吸引力与影响力。而知名度和形象塑造主要是通过媒体突现广泛传播和持久影响的。在交通不发达的古代，旅游景区和景点常与著名历史人物和著名文学作品相伴而共生。旅游景区因人而知名，因文而知名。很多游客并不是因为景区的风光瑰丽而去旅游，而是因为仰慕历史人物的事迹和精神、感受诗词文章的文化氛围而把它们作为旅游目的地。黄帝陵、黄鹤楼、岳阳楼、滕王阁、大观楼等均是如此。这些旅游景点的建筑在历史的长河中多次被毁损又为后人所重建，与这些景点相伴而生的历史名人、诗词文章千古流传，不因旅游景区的毁损而中断其文化影响。由此可见，旅游景区一定要有深厚的文化内涵，要有文化形象塑造。这就需要既借助传统媒体传播，又要借助新媒体传播。

西部地区的旅游景区和景点一方面可以借助传统的对联、诗词、文章、音乐等文学艺术形式，赋予旅游景区和景点以深厚的文化内涵。另一方面，可以大量运用新媒体，创造大量动漫电影、戏剧、歌舞、短视频和微短剧等，展现旅游景区环境，塑造旅游景区形象，穿越时空创造出一个旅游景区的虚拟世界，实现体验式旅游。

在传播方式上，除了书籍、报纸、电视、广播、文艺演出等传统形式外，抖音、小红书、微信等社交平台成为旅游景区知名度和旅游形象塑造的国内外大众平台与重要传播渠道。在西部地区旅游业的发展中应充分创新上述三种新媒体平台的传播内容，扩大西部地区旅游业的吸引力与国际影响力。

此外，新媒体还包括数字杂志、数字报纸、数字电视、数字电影、触摸媒体等。它们都能对西部地区旅游业的发展产生巨大的推动力。

展望未来，技术进步、改革开放和认知思维创新将会催生越来越多的旅游创新活动，从而提高旅游的经济价值、社会价值和文化价值。

参考文献

［1］144 小时过境免签覆盖 54 国，二季度入境游订单环比增长 28%
［EB/OL］.（2024-07-05）［2025-02-20］. 环球旅讯，https：//m. traveldaily.
cn/article/182841.

［2］《2022 年中国旅游经济运行分析与 2023 年发展预测》［EB/OL］.
（2023-02-21）［2025-05-30］. 中国旅游研究院，https：//www. ctaweb. org. cn/
index. php？m＝home&c＝View&a＝index&aid＝7043.

［3］2023 旅游大数据报告［EB/OL］.（2023-12-11）［2025-02-23］. 狂蜂
大作，https：//mp. weixin. qq. com/s/XiyKkegSPSpTzY_i0ukk9w.

［4］2023 年宁夏旅游收入约 600 亿元 吸引约 7000 万人次游客［EB/OL］.
（2024-01-07）［2025-02-28］. 宁夏旅游广播，https：//mp. weixin. qq. com/s/-
4WCCaDd0GGzAd74KdXFgQ.

［5］2023 年文化和旅游统计公报［EB/OL］.（2024-12-04）［2025-02-
28］. 宁夏回族自治区文化和旅游厅，https：//whhlyt. nx. gov. cn/zwgk/fdzdgknr/
tjxx/202412/t20241204_4748506. html.

［6］2023 自驾游大数据报告［EB/OL］.（2023-12-11）［2025-02-23］. 狂
蜂大作，https：//mp. weixin. qq. com/s/jmHOj8Y9Wp6wKiVjNG2ozw.

［7］2024-2030 年旅游行业细分市场调研及投资可行性分析报告［EB/OL］.
（2024-11-14）［2025-02-20］. 新浪财经，https：//finance. sina. com. cn/roll/
2024-11-14/doc-incvzwnh4270679. shtml.

［8］2024 年青海省旅游总收入 516. 59 亿元［EB/OL］.（2025-02-16）
［2025-02-28］. 西海都市报，http：//www. qinghai. gov. cn/dmqh/system/2025/

02/16/030065339. shtml.

［9］2024 年上半年旅游主要指标数据通报［EB/OL］.（2024－10－10）［2025-02-28］. 广西壮族自治区文化和旅游厅，http：//wlt. gxzf. gov. cn/zfxxgk/fdzdgknr/sjfb/sjxz/t19081177. shtml.

［10］2024 年一季度旅游主要指标数据通报［EB/OL］.（2024－04－30）［2025-02-28］. 广西壮族自治区文化和旅游厅，http：//wlt. gxzf. gov. cn/zfxxgk/fdzdgknr/sjfb/sjxz/t18584540. shtml.

［11］《2024 全球户外用品市场洞察报告》解读：从城市到荒野，户外用品如何成为探险者的"第二皮肤"？［EB/OL］.（2024－10－12）［2025－02－19］. 大数跨境，https：//www. 10100. com/article/104374.

［12］《2024 暑期包车游报告》出炉，贵阳包车游热度全国第一［EB/OL］.（2024－08－29）［2025－02－28］. 贵州省文化和旅游厅，https：//whhly. guizhou. gov. cn/xwzx/wldt/202408/t20240829_85499518. html.

［13］2025 年内蒙古春节假期游客多消费旺年味浓［EB/OL］.（2025－02－05）［2025－02－28］. 内蒙古自治区文化和旅游厅，https：//wlt. nmg. gov. cn/zfxxgk/zfxxglzl/fdzdgknr/tjxx01/202502/t20250220_2669777. html.

［14］3 亿人之后，新疆旅游如何更上层楼［EB/OL］.（2025－03－03）［2025－02－28］. 新疆维吾尔自治区文化和旅游厅，https：//wlt. xinjiang. gov. cn/wlt/tjxx/202503/85bef7ebc7994aadac6643c354155088. shtml.

［15］3. 02 亿人次！2024 年新疆旅游热度爆表［EB/OL］.（2025－02－12）［2025－02－28］. 阿克苏文旅之声，https：//mp. weixin. qq. com/s/vra4QiyPAHrKasNSGwoBLQ.

［16］4. 5 亿人次！2024 年甘肃文旅行业游客接待量再创新高［EB/OL］.（2025－01－21）［2025－02－28］. 新华网，http：//gs. news. cn/20250121/ea8b578024714c1489f66a463c912685/c. html.

［17］899. 27 万人次、472. 4 亿元！云南国庆假期旅游相关数据再创新高［EB/OL］.（2024－10－09）［2025－02－28］. 云南省文化和旅游厅，https：//dct. yn. gov. cn/html/2410/09_36660. shtml.

［18］8 天，238. 12 万人次［EB/OL］.（2025－02－05）［2025－05－30］. 央

视频，https：//mp. weixin. qq. com/s/U5zrTqCftc172VWIBjGaGg.

［19］EternityX 力恒，同程旅行 .2024 中国居民出境游需求趋势前瞻［EB/OL］.（2024-01-09）［2025-02-28］.EternityX 力恒，https：//www. eterni-tyx. com/zh-s/2024-chinese-outbound-travel-demand-forecast-cn-zh-s/.

［20］阿比拜 .5 天 10000 多人次！新疆这条路火了［EB/OL］.（2025-03-29）［2025-05-30］.新疆日报，https：//mp. weixin. qq. com/s/s3x2XfKXQ9icCvR7Ihp5BA.

［21］阿勒泰：为讲好本地旅游高质量发展故事创新搭建数字化监测与决策支撑平台［EB/OL］.（2024-10-23）［2025-02-28］.文旅中国，https：//www. sohu. com/a/591872035_120006290.

［22］艾里非热，麦麦提萨吾提 .入境游升温 喀什渐成国外游客"打卡"新标地！［EB/OL］.（2024-09-20）［2025-05-30］.澎湃新闻，https：//www. thepaper. cn/newsDetail_forward_28811411.

［23］巴且木呷 .全域康养全民共享丨赴阳光之约！我县 2024 年康养游客接待量和旅游收入实现双增长［EB/OL］.（2024-12-02）［2025-02-23］.阳光米易，https：//mp. weixin. qq. com/s/Nve5EAoY2oXI52Ms0DuBZg.

［24］把多勋，温情 ."一带一路"背景下西部地区入境旅游趋势与发展研究［J］.世界经济研究，2017（8）：64-73+136.

［25］白云 .浅论西部地区开放和旅游市场经济的发展［J］.旅游纵览，2024（1）：194-196.

［26］布达拉宫［EB/OL］.［2025-05-30］.布达拉宫官方网站，https：//www. potalapalace. cn/.

［27］陈晔，贾骏骐 .数字经济下旅游目的地发展的新路径［J］.旅游学刊，2022，37（4）：6-8.

［28］蔡霞，甘巧林，邱茂慧 .东中西部 10 省市旅游业发展比较——兼议广东省旅游业存在问题与对策［J］.华南师范大学学报（自然科学版），2003（2）：118-123.

［29］曹雯 .贵州：加快建设世界级旅游目的地［N］.贵州日报天眼新闻，2023-12-22.

［30］产业发展规划（2022—2025 年）发布户外运动迎来发展新机遇［EB/OL］.（2022-11-26）［2025-02-23］. 中国政府网，https：//www. gov. cn/zhengce/2022-11/26/content_5728872. htm.

［31］常永华，张红. 西部地区经济落后的灰关联分析及对策选择［J］. 西安邮电学院学报，2003，8（2）：62-64.

［32］陈碧红. 四川餐饮市场主体首次突破 60 万家！各菜系中川菜门店全国最多［EB/OL］.（2023-07-15）［2025-05-31］. 四川日报（数字版），https：//epaper. scdaily. cn/shtml/scrb/20230715/297642. shtml.

［33］陈晨.【坚定信心 实干争先】"青字号"劳务品牌再添就业新动能——"促进高质量充分就业"系列报道之三［EB/OL］.（2025-05-25）［2025-05-30］. 青海省人民政府，http：//www. qinghai. gov. cn/zwgk/system/2025/05/25/030073142. shtml.

［34］陈方. 中外合拍纪录片的思考［EB/OL］.（2024-03-22）［2025-02-23］. 人民日报，https：//www. chinawriter. com. cn/n1/2024/0322/c419388-40200998. html.

［35］陈红，苟世祥. 西部旅游资源保护与可持续旅游发展初探［J］. 重庆社会科学，2005（6）：9-13.

［36］陈琳琳，徐金海，李勇坚. 数字技术赋能旅游业高质量发展的理论机理与路径探索［J］. 改革，2022（2）：101-110.

［37］陈苗."政府线上营销+助农"存在的问题及对策［J］. 乡村科技，2022，13（14）：34-38.

［38］陈曦，白长虹，陈晔，等. 数字治理与高质量旅游目的地服务供给——基于 31 座中国城市的综合案例研究［J］. 管理世界，2023，39（10）：126-150.

［39］程绍文，胡静，谢汉玉，等. 2024 中国旅游业发展报告［M］. 北京：中国旅游出版社，2024.

［40］春节假期甘肃各地文化活动丰富多彩 文旅市场迎来开门红［EB/OL］.（2025-02-06）［2025-02-28］. 甘肃省文化和旅游厅，https：//www. mct. gov. cn/wlbphone/wlbydd/xxfb/qglb/qg/202502/t20250206_958243. html.

［41］促消费拓市场，贵州加快建设世界级旅游目的地［EB/OL］.（2024-12-25）［2025-02-28］.贵州省文化和旅游厅，https：//mp.weixin.qq.com/s/q4G8uyWch6k1jxOAdRmPkw.

［42］稻城亚丁机场16日通航 成都-稻城1小时飞越雪山美景［EB/OL］.（2013-09-12）［2025-02-23］.甘孜日报社，https：//www.gzz.gov.cn/lyzx/article/72155.

［43］稻城旅游发展纪实［EB/OL］.（2021-04-26）［2025-02-23］.甘孜日报社，https：//www.gzz.gov.cn/gzzrmzf/c100005/202104/afbaede2b0234942824484452b167dfc.shtml.

［44］第三十一届世界大学生夏季运动会在成都圆满闭幕［EB/OL］.（2023-08-09）［2025-02-28］.中国政府网，https：//www.gov.cn/yaowen/liebiao/202308/content_6897354.htm.

［45］戴斌.数字时代文旅融合新格局的塑造与建构［J］.人民论坛，2020（Z1）：152-155.

［46］杜平，肖金成，王青云，等.西部开发论［M］.重庆：重庆出版社，2000.

［47］大众旅游时代的国内旅游新特征：需求升级与市场下沉——《中国国内旅游发展年度报告2024》在线发布［EB/OL］.（2025-03-27）［2025-05-23］.中国旅游研究院，https：//mp.weixin.qq.com/s/ivlnorc6KuMVneraOto95Q.

［48］邓翔，袁满，李双强.西部大开发二十年基础设施建设效果评估［J］.西南民族大学学报（人文社会科学版），2021，42（6）：141-151.

［49］丁敏.加速发展西部旅游的障碍分析与管理创新——以甘肃为例［J］.生产力研究，2016（3）：112-115.

［50］董丹丹.乡村旅游基础设施建设研究［J］.农业经济，2020（4）：43-45.

［51］董世梅，徐中成，宁蕖，等.如今的九寨沟，已不是"以沟为主"的九寨沟，而是升级版的"大九寨" 打造不只有九寨沟的九寨沟［EB/OL］.（2024-06-12）［2025-02-28］.四川省人民政府，https：//www.sc.gov.cn/10462/10464/10797/2024/6/12/1c8c6c39ace049408647a71b0272d941.shtml.

［52］段斌．云南数字旅游创新发展研究——以"游云南"为例［D］．昆明：云南师范大学，2021.

［53］对十三届全国人大三次会议第 7050 号建议的答复［EB/OL］．（2020-09-02）［2025-05-31］．国家铁路局，https：//www. nra. gov. cn/xxgk/gkml/ztjg/jybl/rdfk/202011/P020220420118464104027. pdf.

［54］敦煌石窟［EB/OL］．（2022-01-20）［2025-05-30］．中国大百科全书，https：//www. zgbk. com/ecph/words？SiteID = 1&Name =％E6％95％A6％E7％85％8C％E7％9F％B3％E7％AA％9F&Type = bkzyb&subSourceType = 000003000013000004.

［55］敦煌研究院和腾讯联合推出"数字藏经洞"［EB/OL］．（2023-04-18）［2025-05-30］．中国日报网，https：//cn. chinadaily. com. cn/a/202304/18/WS643e92bba3105379893706b8. html.

［56］封志明，刘东，杨艳昭．中国交通通达度评价：从分县到分省［J］．地理研究，2009，28（2）：419-429.

［57］冯思航．旅游类短视频博主内容生产研究——以"房琪 KIKI"为例［J］．西部广播电视，2021，42（19）：10-13.

［58］符佳毅．依托天府国际机场　高质量建好开放门户枢纽［J］．先锋，2024（6）：52.

［59］付梦茹，潘海岚．数字经济何以赋能西部地区旅游业高质量发展［J］．中国西部，2023（1）：31-41.

［60］高吕艳杏．红色舞台剧《重庆·1949》焕新亮相，政协委员称赞"更震撼"！［EB/OL］．（2024-12-24）［2025-02-23］．重庆政协，https：//mp. weixin. qq. com/s/3whqI8A3Vur2wLFXWOpFNQ.

［61］高煜，曾鑫洋．数字化驱动西部地区产业升级［M］//吴振磊，徐璋勇．中国西部发展报告（2023）．北京：社会科学文献出版社，2023.

［62］公路→铁路→高等级公路 西藏"五城三小时"经济圈有了［EB/OL］．（2024-07-05）［2025-02-23］．文化西藏，https：//mp. weixin. qq. com/s/1KaWwOTX9D7EFXVhZ - 1pdg？search_click_id = 4923574153226147832 -1749499375085-8100046591.

［63］共研产业研究院．2021-2027年中国广西壮族自治区住宿和餐饮行业深度调查与投资策略报告［EB/OL］．［2025-05-31］．https：//www.gonyn.com/report/398417.html.

［64］观研天下．中国旅游服务市场发展深度调研与未来前景分析报告（2023-2030年）［EB/OL］．［2025-02-14］．https：//www.chinabaogao.com/detail/642951.html.

［65］管小红．2024年中国旅游行业发展全景分析：旅游总人次及总收入增长，节假日旅游持续火爆，乡村旅游保持较高增长趋势［EB/OL］．（2024-09-08）［2025-02-23］．智研咨询，https：//www.chyxx.com/industry/1196919.html.

［66］广西春节旅游成绩单出炉！哪个市最"吸金"？［EB/OL］．（2025-02-09）［2025-02-28］．广西头条NEWS，https：//mp.weixin.qq.com/s/-HRv-muACua9bSW5cPLcYqA.

［67］贵州省旅游星级饭店基本情况表［EB/OL］．（2023-08-28）［2025-05-31］．贵州省人民政府，https：//www.guizhou.gov.cn/ztzl/lycyh/whhlyml/xjfdml/202308/t20230828_82092163.html.

［68］国家发展改革委．国家发展改革委关于印发2012年西部大开发工作进展情况和2013年工作安排的通知［EB/OL］．（2013-08-26）［2025-05-31］．https：//www.gov.cn/zwgk/2013-08/26/content_2473741.htm.

［69］国庆假期 甘肃省共接待游客2621万人次 旅游花费160.8亿元［EB/OL］．（2024-10-08）［2025-02-28］．甘肃卫视，https：//mp.weixin.qq.com/s/pH6W4WmgkwAUORsjNcWciA.

［70］国务院办公厅印发《关于进一步促进旅游投资和消费的若干意见》［EB/OL］．（2015-08-11）．中国政府网，https：//www.gov.cn/xinwen/2015-08/11/content_2911043.htm.

［71］哈得江·哈斯木．独库公路开通三天日均流量超3.5万辆——"新疆交通亚克西"护航端午假期平安有序［EB/OL］．（2025-06-03）［2025-06-03］．新疆交通运输，https：//mp.weixin.qq.com/s/CnmqIYGOpB-bZ3qR_j6mxg.

［72］韩玉灵，操阳．中国旅游人才研究报告（2023）［M］．北京：社会科学文献出版社，2024.

［73］何少琪．云南省康养旅游市场前景发展分析［J］．内蒙古科技与经济，2018（12）：19+21．

［74］胡超．【苍洱处处石榴红　籽籽同心爱中华】沙溪镇：茶马古道千年古镇的"新生密码"［EB/OL］．（2025-04-28）［2025-05-30］．云南民族时报，https：//mp. weixin. qq. com/s/Td_jcjGDPTQuxJTRuHNK_A．

［75］黄玉璐．西部旅游"疫外"升温：拉萨飞北京票价过万　世界屋脊也迎文旅淘金热？［EB/OL］．（2020-10-07）［2025-05-31］．贝果财经，https：//baijiahao. baidu. com/s？ id=1679897496504968849．

［76］江永红，刘梦媛，杨春．数字化对经济增长与生态环境协调发展的驱动机制［J］．中国人口·资源与环境，2023，33（9）：171-181．

［77］金歆，原韬雄．以数字技术赋能共建"一带一路"高质量发展［N］．人民日报，2024-04-18（004）．

［78］九寨沟景区今年接待游客已突破400万人次［EB/OL］．（2023-11-03）［2025-02-28］．中国新闻网，https：//www. chinanews. cn/tp/2023/11-03/10105693. shtml．

［79］郎欣悦，雷浩伟．盘活用好西部地区红色旅游资源　赋能新时代农村精神文明高质量建设［N］．中国旅游报，2024-06-27（004）．

［80］李菁．钱从哪里来？酒店、文旅、公寓、办公产业20大资本"预言"｜迈点年度研报第③弹［EB/OL］．（2020-01-09）［2025-05-31］．脉脉，https：//maimai. cn/article/detail？ fid=1394331060&efid=kI37ExE1TtJ5XYofKz5PvA．

［81］李君轶．数字旅游业发展探析［J］．旅游学刊，2012，27（8）：9-10．

［82］李嵘，邓伟，彭立．四川省旅游发展与旅游公共服务匹配关系［J］．山地学报，2019，37（6）：899-909．

［83］李若佳，王一川．唐卡画师尼玛让波：在画笔尖舞动的传承与创新［EB/OL］．（2024-10-11）［2025-05-30］．清新传媒，https：//qxcm. tsjc. tsing-hua. edu. cn/pc/gjxw/2024-10-11/b0iqRRKvtGxCcI6X. html．

［84］李婉滢．网络直播助力西部乡村旅游发展的模式研究［J］．新农民，2024（24）：25-27．

［85］李卫．陕西接待国内游客4601万人次　创历史同期新高［EB/OL］．

（2024－10－09）［2025－02－28］. 陕西省林业局，https：//lyj. shaanxi. gov. cn/zwxx/sbxw/202410/t20241009_2830235. html.

［86］李雪松，党琳，赵宸宇. 数字化转型、融入全球创新网络与创新绩效［J］. 中国工业经济，2022（10）：43-61.

［87］李一川. 四川省旅游业数字化转型研究［D］. 成都：四川省社会科学院，2023.

［88］李仲广. 数字科技推动夜间旅游——在第十七届中国国际演艺科技论坛上的主题演讲［J］. 演艺科技，2019（8）：2-5.

［89］林心林. 新疆游客爆满，独库公路"堵哭"了［EB/OL］.（2023－06-21）［2025－02-23］. 时代财经 App，https：//mp. weixin. qq. com/s/86L5mtUDtEHXiwy3657qwA.

［90］刘君娣，巩文峰，毕东梅，等. 乡村振兴背景下西部民族地区乡村旅游策略研究——以天祝藏族自治县为例［J］. 智慧农业导刊，2023，3（21）：162-167.

［91］刘坤. 综合交通网总里程突破 600 万公里，实现"县县通 5G、村村通宽带"——我国基础设施整体水平跨越式提升［EB/OL］.（2022－09－27）［2025－05-30］. 光明日报，https：//www. gov. cn/xinwen/2022－09/27/content_5712605. htm.

［92］刘敏. 西部地区旅游产业集聚发展现状分析［J］. 全国流通经济，2023（3）：120-123.

［93］刘卓. 基础设施投资与西部地区旅游业发展——基于重庆实证研究［J］. 中共乐山市委党校学报，2016，18（6）：18-21.

［94］卢丹阳，丁增尼达. 2024 年超 1. 37 万人次国际游客"打卡"珠穆朗玛峰景区［EB/OL］.（2025－01－02）［2025－05-30］. 新华网，https：//www. news. cn/politics/20250102/1f87a52876e84967a08c68aed1391ce1/c. html.

［95］卢芳冰. 中国西部地区旅游业发展 SWOT 分析［J］. 当代旅游，2020，18（11）：51-52.

［96］鲁兆卿. 文化产业与旅游经济的融合发展——以西部地区为例［J］. 西部旅游，2023（8）：35-37.

［97］马紫康．时评：西部陆海新通道连接世界的贸易动脉 ［EB/OL］．（2024-07-19）［2025-05-31］．中国网，http：//railway. china. com. cn/2024-07/19/content_117320713. shtml.

［98］迈点．供不应求的西部酒店市场：把握本土特点才能行稳致远 ［EB/OL］．（2022-12-18）［2025-05-31］．知乎专栏，https：//zhuanlan. zhi-hu. com/p/592759782.

［99］闵庆文，张晓莉，孙业红，等．中国乡村遗产旅游发展报告（2024）［M］．北京：社会科学文献出版社，2024.

［100］明如月．山东省文化和旅游厅等 23 部门联合印发关于《加快入境旅游高质量发展的若干措施》［EB/OL］．（2024-04-26）［2025-05-30］．齐鲁网，https：//news. iqilu. com/shandong/shandonggedi/20240426/5641929. shtml.

［101］内蒙古春节假期接待国内游客 3140. 55 万人次 ［EB/OL］．（2024-02-19）［2025-02-28］．内蒙古自治区文化和旅游厅，https：//wlt. nmg. gov. cn/zfxxgk/zfxxglzl/fdzdgknr/tjxx01/202402/t20240226_2471895. html.

［102］尼泊尔旅游部门启动春季登山许可发放 ［EB/OL］．（2025-04-01）［2025-05-30］．世界旅游城市联合会，https：//cn. wtcf. org. cn/20250401/c3c664bf-f850-82f7-1647-27e4eadf49d0. html.

［103］倪晓颖．国庆假期青海实现旅游收入 27. 6 亿元 ［EB/OL］．（2024-10-09）［2025-02-28］．青海日报，https：//mp. weixin. qq. com/s/eyeHwWbZwH1obiNdBz9Pcg.

［104］聂兆亮．乡村振兴背景下西部地区乡村旅游产业发展路径 ［J］．西部旅游，2024（22）：19-21.

［105］牛雨晗．气候变化下的文化遗产保护："莫高窟经验"如何推广？［EB/OL］．（2023-11-06）［2025-05-30］．澎湃新闻·澎湃号·湃客，https：//www. thepaper. cn/newsDetail_forward_25306306.

［106］普华有策．2024-2030 年旅游行业细分市场调研及投资可行性分析报告 ［EB/OL］．（2024-11-14）［2025-02-20］．新浪财经，https：//finance. sina. com. cn/roll/2024-11-14/doc-incvzwnh4270679. shtml.

［107］乔朋华，冯椿媛，张自立，等．国内外数字旅游研究述评与展望——

基于 VOSviewer 的可视化分析［J］. 电子科技大学学报（社科版），2024，26（4）：73-83.

［108］青藏高原首列高铁开行兰新高速铁路全线通车［EB/OL］.（2024-12-26）［2025-05-30］. 新华网，http：//politics. people. com. cn/n/2014/1226/c70731-26283294. html.

［109］陕西文化和旅游厅. 去年陕西重点文旅产业链营收 8638 亿元同比增长 11.7%［EB/OL］.（2025-02-10）［2025-02-28］. 陕西日报，https：//whhlyt. shaanxi. gov. cn/zfxxgk/fdzdgknr/tjxx/202502/t20250210_3430010. html.

［110］让古城墙焕发新生机（倾听）［EB/OL］.（2023-02-08）［2025-02-28］.《人民日报》海外网，https：//www. sohu. com/a/638323499_115376.

［111］热！辣！滚！烫！春节假期全市累计接待国内游客 3316.16 万人次！［EB/OL］.（2025-02-05）［2025-02-28］. 重庆市文化和旅游发展委员会，https：//mp. weixin. qq. com/s/ieHyixUmjCqU3WU52KSWcA.

［112］任建兰，王亚平，程钰. 从生态环境保护到生态文明建设：四十年的回顾与展望［J］. 山东大学学报（哲学社会科学版），2018（6）：27-39.

［113］任江. 游客创历史新高 热度居全国前列——2023 年新疆经济数据分析⑤［EB/OL］.（2024-02-25）［2025-02-23］. 天山网，https：//www. ts. cn/xwzx/jjxw/202402/t20240225_19376035. shtml.

［114］荣宏庆. 论我国新型城镇化建设与生态环境保护［J］. 现代经济探讨，2013（8）：5-9.

［115］入境游首选城市！外国人游成都，so easy！［EB/OL］.（2025-01-20）［2025-05-30］. 中国一带一路网，https：//www. yidaiyilu. gov. cn/p/0UMFF3OA. html.

［116］桑柯，大龙. 门店数暴涨 137%！西安火锅正酝酿 3 大变革［EB/OL］.（2025-02-19）［2025-05-31］. 火锅餐见，https：//www. 163. com/dy/article/JOOGS2V70522W7KV. html.

［117］沙坡头区旅游和文化体育广电局：沙坡头区大力发展乡村文旅产业促振兴 增培乡村创新发展新动能［EB/OL］.（2023-09-19）［2025-05-23］. 中卫市沙坡头区人民政府，https：//www. spt. gov. cn/xwzx/bmgz/202309/t20230925_

4284836. html.

［118］沙坡头区："乡村旅游+"解锁致富密码［EB/OL］.（2025-05-19）［2025-05-23］.文明中卫，https：//mp. weixin. qq. com/s/i_jkVC8DMRa3CBz5ABVixg.

［119］沙坡头区："五一"文旅消费"多点开花" 激活区域假日经济新活力［EB/OL］.（2025-05-08）［2025-05-23］.沙坡头区文旅，https：//mp. weixin. qq. com/s/KrQp26XZo_Vm2GfnehmOBA.

［120］陕西省政府出台26条措施支持文旅产业高质量发展［EB/OL］.（2024-01-09）［2025-02-23］.文化陕西，https：//mp. weixin. qq. com/s/5aVA1XNxHavlumzHHM1xag.

［121］数字中国建设典型案例之四十七丨"数字敦煌"资源库平台建设［EB/OL］.（2024-11-24）［2025-05-30］.国家数据局，https：//www. nda. gov. cn/sjj/ywpd/sjzg/1122/20241122153636669712196_pc. html.

［122］四川省文旅厅.2024年国庆假期四川省文化和旅游市场情况综述［EB/OL］.（2024-10-08）［2025-02-28］.四川省文化和旅游发展研究中心，https：//mp. weixin. qq. com/s/5YAr1e0v0QA7MScbDza-bw.

［123］宋瑞.数字经济下的旅游治理：挑战与重点［J］.旅游学刊，2022，37（4）：11-12.

［124］孙海涛.西部地区通县公路建设稳步推进［N］.人民日报，2002-07-25.

［125］唐霞.西部地区特色旅游资源的开发与保护［J］.新疆社科论坛，2019（2）：64-67.

［126］唐晓云.现代科技革命对旅游消费的影响［J］.旅游学刊，2022，37（10）：3-5.

［127］唐学锋，苟世祥.中国西部旅游发展研究［M］.重庆：重庆出版社，2001.

［128］陶锋，王欣然，徐扬，等.数字化转型、产业链供应链韧性与企业生产率［J］.中国工业经济，2023（5）：118-136.

［129］田以丹.从"扩容"到"提质" 新基建驱动城市发展引擎

［EB/OL］．（2025-03-03）［2025-05-30］．澎湃新闻·澎湃号·媒体，https：//www.thepaper.cn/newsDetail_forward_30291646.

［130］涂源．重庆93家店上榜大众点评2024年"必吃榜"［EB/OL］．（2024-06-28）［2025-05-31］．https：//www.cqcb.com/keji/dianjing/2024-06-28/5599941.html.

［131］推动报刊数字化转型和产业升级［J］．科技情报开发与经济，2010，20（28）：228.

［132］推动餐饮行业高质量发展 贵州省政府制定三年行动计划［EB/OL］．（2019-04-24）［2025-05-31］．中国质量新闻网，https：//www.cqn.com.cn/cj/content/2019-04/24/content_7041305.htm.

［133］推进西部铁路建设 勾画美丽中国交通画卷［EB/OL］．（2022-08-25）［2025-05-31］．中国日报（中文网），https：//cn.chinadaily.com.cn/a/202208/25/WS630716d0a3101c3ee7ae5854.html.

［134］推进"一带一路"建设工作领导小组办公室．共建"一带一路"倡议：进展、贡献与展望［EB/OL］．（2019-04-22）［2025-02-17］．新华社，https：//www.gov.cn/xinwen/2019-04/22/content_5385144.htm.

［135］王长山，严勇．有一种生活，叫旅居云南［N］．新华每日电讯，2025-03-19（007）．

［136］王凡，冯子芯．冰雪旅游看川西，人文自然齐飞彩［EB/OL］．（2024-12-11）［2025-05-23］．人民网-四川频道，http：//sc.people.com.cn/n2/2024/1211/c379469-41072505.html.

［137］王金伟，吴志才．中国乡村发展报告（2023）［M］．北京：社会科学文献出版社，2024.

［138］王金伟．中国红色旅游发展报告（2023）［M］．北京：社会科学文献出版社，2024.

［139］王锦．数字乡村建设与乡村旅游融合：需求、困境及路径［J］．村委主任，2024（3）：124-126.

［140］王婧玲．贵州旅游的"今年之获"与"来年之盼"［EB/OL］．（2024-12-31）［2025-02-28］．动静贵州，https：//mp.weixin.qq.com/s/

rnEFVaFbOOQjQ6zXxXJfqA.

［141］王镜，赛妍嫣，王敬恩．丝绸之路经济带数字经济与旅游经济耦合协调发展研究［J］．科学与管理，2023，43（2）：40-47.

［142］王帅辉，耿松涛．全域旅游营销策略与品牌策略规划［J］．价格月刊，2018（3）：57-60.

［143］王思雨．《重庆·1949》｜做一部戏致敬一座城［EB/OL］．（2025-04-03）［2025-05-23］．国家大剧院杂志，https：//mp.weixin.qq.com/s/JxkWI07YNHWec65IChxWmw.

［144］王勇．美媒：中国对全球旅游市场的影响无可比拟［EB/OL］．（2024-12-30）［2025-02-23］．观察者网，https：//www.guancha.cn/qiche/2024_12_30_760526.shtml.

［145］王兆峰．旅游交通对西部旅游产业发展的影响研究［J］．财贸研究，2008，19（5）：147-148.

［146］温婉君．信息时代中华文化海外传播策略分析——以赣南客家文化为例［J］．新闻传播科学，2025，13（3）：391-396.

［147］文化和旅游部办公厅．文化和旅游部办公厅关于开展边境旅游试验区、跨境旅游合作区申报工作的通知［EB/OL］．（2023-03-29）［2025-05-30］．中华人民共和国文化和旅游部，https：//zwgk.mct.gov.cn/zfxxgkml/qt/202303/t20230329_941024.html.

［148］文化和旅游部．国内旅游提升计划（2023—2025年）［EB/OL］．（2023-11-01）［2025-02-25］．https：//www.gov.cn/zhengce/zhengceku/202311/content_6914996.htm.

［149］文化和旅游部推一揽子措施提质升级旅游公共服务［EB/OL］．（2024-08-07）［2025-05-30］．北京商报，https：//travel.cnr.cn/list/20240807/t20240807_526838056.shtml.

［150］文化和旅游部．文化和旅游部关于印发《"十四五"文化和旅游发展规划》的通知［EB/OL］．（2021-04-29）．中国政府网，https：//www.gov.cn/zhengce/zhengceku/2021-06/03/content_5615106.htm.

［151］魏翔．数字旅游——中国旅游经济发展新模式［J］．旅游学刊，

2022，37（4）：10-11.

［152］我州国庆假期累计接待游客突破300万人次 创历史新高［EB/OL］.
（2024-10-09）［2025-02-23］.甘孜日报，https：//fgw.gzz.gov.cn/gzdt/article/
609982#.

［153］乌鲁木齐市国民经济和社会发展第十四个五年规划和2035年远景目
标纲要［EB/OL］.（2021-12-08）［2025-05-31］.新疆维吾尔自治区发展和改
革委员会，https：//xjdrc.xinjiang.gov.cn/xjfgw/c108377/202112/bc183f6a984d4
c10b0c69b01eb81f718.shtml.

［154］西部大开发［EB/OL］.（2009-08-20）［2025-02-17］.中华人民共和
国国史网，http：//www.hprc.org.cn/gsgl/dsnb/zdsj/200908/t20090820_28292.html.

［155］西部证券股份有限公司.2022年面向专业投资者公开发行公司债券募
集说明书［Z］.2022.

［156］谢菲，韦世艺.西部地区非物质文化遗产旅游化过程教育研究——基
于旅游生产视角［J］.广西社会科学，2014（4）：43-47.

［157］新疆上榜全国滑雪热度最高地区TOP5［EB/OL］.（2025-02-05）
［2025-02-28］.新疆维吾尔自治区人民政府，https：//www.xinjiang.gov.cn/xin-
jiang/dzdt/202502/25f01bcfdf0b415ab095416528a7ee10.shtml.

［158］新疆，全国前五！［EB/OL］.（2025-02-05）［2025-02-28］.新疆
是个好地方，https：//mp.weixin.qq.com/s/j0Zdhou9CEQjlz0R0hNwyA.

［159］徐金虎.中国数字基础设施建设水平综合测度［J］.技术经济与管理
研究，2023（5）：21-27.

［160］徐燕宁.数智化赋能旅游业发展研究——以云南省和贵州省为例
［D］.武汉：中南民族大学，2022.

［161］宣萱.安徽宣城：春节假期非遗热、年味浓、文旅热［EB/OL］.
（2025-02-10）［2025-02-23］.网易，https：//www.163.com/dy/article/JO1
GR20105346936.html.

［162］闫姣.“丝路游”升温 甘肃入境游同比增长逾五成［EB/OL］.
（2025-05-23）［2025-05-30］.中国新闻网，https：//www.chinanews.com.cn/
cj/2025/05-23/10420884.shtml.

［163］阎海梅．旅游业高质量发展对实现共同富裕的影响研究［D］．南宁：南宁师范大学，2023.

［164］杨建春，李开潮．新质生产力赋能旅游业高质量发展：理论逻辑与实践路径［J］．云南民族大学报（哲学社会科学版），2024，41（6）：139-146.

［165］杨振之，王俊鸿．中国西部大城市旅游客源市场需求分析——以成都市为例［J］．四川师范大学学报（社会科学版），2000（2）：91-95.

［166］叶娅丽．四川旅游业信息化发展战略研究［J］．中国商贸，2011（35）：159-160.

［167］以文旅产业大跨越绘就如意甘肃新画卷［EB/OL］．（2025-01-09）［2025-05-31］．甘肃省文化和旅游厅，https：//www.mct.gov.cn/preview/whzx/qgwhxxlb/gs/202501/t20250109_957750.htm.

［168］应陶，张留，刘佳明．这件小事，为何上了中央政治局会议？［EB/OL］．（2023-08-12）［2025-05-30］．潮新闻，https：//mp.weixin.qq.com/s/TQn6oiobP9r0qXUjmvk7Mg.

［169］于江霞．中国西部公路网规模研究［D］．西安：长安大学，2006.

［170］于晶．2024年宁夏接待国内游客约8000万人次 旅游花费约725亿元［EB/OL］．（2025-01-10）［2025-02-28］．中国新闻网，https：//www.chinanews.com.cn/cj/2025/01-10/10351059.shtml.

［171］圆满收官！2024年国庆假期，全市共接待国内游客2268.35万人次［EB/OL］．（2024-10-07）［2025-02-28］．重庆市文化和旅游发展委员会，https：//mp.weixin.qq.com/s/to_GoFLCTylj4wFpbI1VyA.

［172］云拿科技．数字文旅市场发展白皮书［R］．上海云拿智能科技有限公司，2025.

［173］云南省人民政府．"一部手机游云南"将正式上线看看丽江、大理、红河、楚雄准备情况［EB/OL］．（2018-09-25）［2025-02-28］．https：//mp.weixin.qq.com/s/BBeNyI8Zeho09oZtJdMzPA.

［174］云南省人民政府办公厅．云南省"十四五"文化和旅游发展规划［EB/OL］．（2022-05-27）．云南人民政府，https：//www.yn.gov.cn/zwgk/zc-wj/yzf/202205/t20220527_242589.html.

［175］再创历史新高｜296.42万人次！32.61亿元！［EB/OL］.（2023-10-08）［2025-05-23］.甘孜藏族自治州人民政府，https：//www.gzz.gov.cn/lyzx/article/533042.

［176］再获殊荣！《重庆·1949》最佳案例！［EB/OL］.（2025-05-20）［2025-05-23］.重庆一九四九，https：//mp.weixin.qq.com/s/j9xAtpojJGdIG8jBQFYNNQ.

［177］泽登旺姆.西部首个文旅数据资产运营管理案例发布［EB/OL］.（2024-12-14）［2025-02-28］.Copyright成都日报数字报刊.https：//www.cdrb.com.cn/epaper/cdrbpc/202412/14/c142458.html.

［178］曾诗阳.免签政策红利充分释放［EB/OL］.（2025-01-11）［2025-02-23］.中国政府网，https：//www.gov.cn/yaowen/liebiao/202501/content_6997877.htm#.

［179］张媛佳，张凤.新发展格局下西部地区旅游驱动力因素与发展路径研究［J］.西部旅游，2023（22）：12-14.

［180］张春苗.旅游产业数字化创新发展的时空特征和影响因素研究［D］.重庆：重庆交通大学，2024.

［181］张海鸥.我国旅游OTA发展态势探析［J］.云南财经大学学报，2014，30（2）：154-160.

［182］张红霞，雷倢.全省餐饮经营主体63万家全国餐厅门店数量川菜居首位［EB/OL］.（2023-09-05）［2025-05-31］.四川在线，https：//sichuan.scol.com.cn/xwtg/202309/58967172.html.

［183］张军，高远，傅勇，等.中国为什么拥有了良好的基础设施？［J］.经济研究，2007（3）：4-19.

［184］张可，许可，吴佳霖，等.网红短视频传播对消费者旅游态度的影响——以丁真走红现象为例［J］.旅游学刊，2022，37（2）：105-119.

［185］张立峰.九寨沟：翻落人间瑶池境［J］.科学24小时，2024（9）：44-46.

［186］张琳.西藏文旅成绩单来了！［EB/OL］.（2025-01-20）［2025-02-28］.西藏商报，https：//mp.weixin.qq.com/s/paCGJzlmQ_yfgwy7fv2icQ.

［187］张茜，赵鑫．交通基础设施及其跨区域溢出效应对旅游业的影响——基于星级酒店、旅行社、景区的数据［J］．经济管理，2018，40（4）:118-133.

［188］张瑞坤．抖音短视频对内蒙古西部旅游形象的塑造与传播策略［J］．传媒论坛，2023，6（15）：84-87.

［189］张小秋．【西部之光·丽江篇章】沉浸式体验做一天纳西人［EB/OL］．（2025-04-17）［2025-05-30］．丽江中国西部研究发展促进会，https：//mp. weixin. qq. com/s/dNPJDj38aQTempFwF1mtJg.

［190］张亚欣．多个在线旅游平台及旅企接入 DeepSeek 攻略更"聪明"游客更尽兴［EB/OL］．（2025-03-28）［2025-05-30］．澎湃新闻·澎湃号·媒体，https：//www. thepaper. cn/newsDetail_forward_30514370.

［191］张英龙，董春晖．宜君县域农文旅产业发展对策［J］．农业产业化，2024（12）：13-15+52.

［192］张瑜．新疆今年接待游客突破 3 亿人次［EB/OL］．（2024-12-26）［2025-02-28］．新华网，https：//www. news. cn/local/20241226/8d096fe012c346ddbcaa434c4c8297eb/c. html.

［193］赵焕焱．2018 年 5 月酒店业报告［EB/OL］．（2018-06-01）［2025-05-31］．搜狐网，https：//www. sohu. com/a/233650604_100129464.

［194］赵磊．数字经济赋能旅游业高质量发展的内涵与维度［J］．旅游学刊，2022，37（4）：5-6.

［195］赵黎浩．下沉市场成"滇菜"新增长点，云南 41 个县城餐饮消费额增速达 20%［EB/OL］．（2024-09-15）［2025-05-31］．中工网，https：//www. workercn. cn/c/2024-09-15/8352779. shtml.

［196］赵明昊，靳昊，孙金行，等．新疆今年累计接待游客突破 3 亿人次［EB/OL］．（2024-12-27）［2025-02-28］．光明日报，https：//epaper. gmw. cn/gmrb/html/2024-12/27/nw. D110000gmrb_20241227_4-10. htm.

［197］赵其国，黄国勤，马艳芹．中国生态环境状况与生态文明建设［J］．生态学报，2016，36（19）：6328-6335.

［198］赵文飞，宗路平，王梦君．中国自然保护区空间分布特征［J］．生态学报，2024，44（7）：2786-2799.

［199］赵中华，汪宇明．基于长江三角洲案例的区域旅游交通配置优化研究［J］．地域研究与开发，2007（3）：51-55.

［200］浙江文旅政务．长三角智慧文旅公共服务平台融合共建备忘录签署活动在杭成功举行［EB/OL］.（2025-06-06）. https：//mp. weixin. qq. com/s/5DAFeJTxWBIRl1JI7aTwBA.

［201］"智游天府"平台：打造智慧文旅的"四川功夫"［EB/OL］.（2022-11-03）［2025-02-28］.文旅中国，https：//mp. weixin. qq. com/s/zu7YywCh4UbGi12Dx1firw.

［202］智游宝智慧旅游专家．《五一旅游目的地数据报告》［EB/OL］.（2025-05-08）. https：//mp. weixin. qq. com/s/B_UYWz1LMSt4ckctuzZQgQ.

［203］智研咨询．中国旅游行业市场研究分析及投资前景评估报告［EB/OL］.（2024-09-08）［2025-02-23］. https：//www. chyxx. com/industry/1196919. html.

［204］智能物联在古都西安：助力西安城墙预防性保护、智慧化管理［EB/OL］.［2025-02-28］. HIKVISION，https：//www. hikvision. com/cn/NewsEvents/SuccessStories/focus/CityWall/.

［205］《中国国内旅游发展年度报告2024》课题组．"一带一路"旅游大数据专题报告（全文）［EB/OL］.（2022-06-29）［2025-05-30］. https：//www. ctaweb. org. cn/index. php？m=home&c=View&a=index&aid=8549&lang=cn.

［206］中华人民共和国文化和旅游部．中华人民共和国文化和旅游部2024年文化和旅游发展统计公报［EB/OL］.（2025-05-30）. https：//zwgk. mct. gov. cn/zfxxgkml/tjxx/202505/t20250530_960335. html.

［207］中国出入境游跑出复苏加速度［EB/OL］.（2024-02-23）［2025-02-24］.人民日报海外版，http：//m. cnwest. com/szyw/a/2024/02/23/22356881. html.

［208］中国快餐行业现状深度分析与投资前景预测报告（2024-2031年）［R］.观研报告网，2024.

［209］中国旅游服务市场发展深度调研与未来前景分析报告（2023-2030年）［EB/OL］.［2025-02-14］.观研报告网，https：//www. chinabaogao. com/detail/642951. html.

［210］中国旅游协会休闲农业与乡村旅游分会．康养旅游行业发展现状、存在问题及建议［EB/OL］．（2025-01-25）［2025-05-30］．网易号，https：//www. 163. com/dy/article/JMOM89V70514BTAB. html#.

［211］《中国入境旅游发展年度报告2024》在京发布［EB/OL］．（2025-03-27）［2025-05-30］．中国旅游研究院，https：//www. ctaweb. org. cn/？m＝home&c＝View&a＝index&aid＝10020.

［212］中国职业技术教育学会智慧旅游职业教育专业委员会．红色之旅［M］．沈阳：辽宁人民出版社，2022.

［213］中华人民共和国教育部发展规划司．中国教育统计年鉴2023［M］．北京：中国统计出版社，2024.

［214］中华人民共和国文化和旅游部财务司．2023文化和旅游发展统计分析报告［M］．北京：首都经济贸易大学出版社，2023.

［215］中华人民共和国文化和旅游部．中国文化文物和旅游统计年鉴2023［M］．北京：国家图书馆出版社，2023.

［216］周波，周玲强．国外智慧旅游商业模式研究及对国内的启示［J］．旅游学刊，2016，31（6）：8-9.

［217］钟章奇，李山，王铮，等．中国旅游业空间分异的ABS分析［J］．地理研究，2014，33（8）：1427-1441.

［218］重庆市政府2025年工作报告［N］．重庆日报，2025-01-24.

［219］朱佳仪，蒋奇杰，任佩瑜．西部地区博物馆旅游体验及发展路径研究——基于成都地区博物馆旅游网络文本分析［J］．四川旅游学院学报，2023（3）：40-47.

［220］祝合良，王春娟．"双循环"新发展格局战略背景下产业数字化转型：理论与对策［J］．财贸经济，2021，42（3）：14-27.

［221］纵深观察丨环塔拉力赛20年正青春［EB/OL］．（2025-05-12）［2025-05-30］．天山网-新疆日报，https：//www. ts. cn/xwzx/tyxw/202505/t20250512_28448788. shtml.

［222］最新丨宁夏全年数据公布，约8000万人次，725亿元！［EB/OL］．（2025-01-10）［2025-02-28］．银川晚报，https：//mp. weixin. qq. com/s/dG

0EmK3wDYLihrWBpaSLDg.

[223] Carvalho I, Ivanov S. ChatGPT for Tourism: Applications, Benefits and Risks [J]. Tourism Review, 2024, 79 (2): 290-303.

[224] Cham T-H, Tan G W-H, Aw E C-X, et al. Virtual Reality in Tourism: Adoption Scepticism and Resistance [J]. Tourism Review, 2024, 79 (2): 337-354.

[225] Jafar R M S, Ahmad W. Tourist Loyalty in the Metaverse: The Role of Immersive Tourism Experience and Cognitive Perceptions [J]. Tourism Review, 2024, 79 (2): 321-336.

[226] Marques L, Borba C. Co-creating the City: Digital Technology and Creative Tourism [J]. Tourism Management Perspectives, 2017, 24: 86-93.